홍차, 그 화려한 유혹

홍차,
그 화려한 유혹

김영애 지음

여는 글

홍차, 그 풍미에 빠져 행복했던 시간!

언제부터일까 나는 이른 아침 밀크 티를 준비하여 창가 나지막한 의자에 앉아 차를 음미하며 새벽의 맑은 공기와 아침 햇살을 즐깁니다. 아침 10시경, 그날의 기분에 따라 차를 선택해 봅니다. 기분이 우울할 때는 상큼한 맛의 '다르질링', 다양한 풍취를 뿜어내는 '씨킴' 또는 숲 향 가득한 '우바'를, 반면 기분이 들떠있는 날에는 중국의 '기문'과 '금준미'를 택하여 마음을 가라앉혀 보곤 합니다. 때론 다우들과 만나 다양한 홍차를 마시면서 또 다른 세계로 여행을 떠납니다. 밀크 티를 마시면서 영국을, 다르질링을 즐기면서 인도 이야기를, 스리랑카 차를 마시면서 그곳의 아름다운 풍광을, 그리고 중국 홍차를 마시면서 무이산의 구곡에서 피어오르는 물안개를 다시금 떠올려 봅니다.

차 생활 30여 년의 여정 속에서 홍차와의 만남은 나에게는 행복 그 자체였습니다.

차 한 잔의 여유!

이 시간은 오롯이 나만의 작은 사치입니다.

찻잔에 일렁이는 향과 맛의 스펙트럼은 말로 다 형용할 수 없을 뿐만 아니라 내 몸에 시나브로 스며들어 오감을 깨우는 홍차의 그 마력에 빠져 지금도 홍빛에 빨갛게 물들어 있습니다.

다시 중국의 동목촌의 정산소종과 안휘성 기문, 인도의 아쌈과 다르질링, 그리고 스리랑카 등의 나라를 답사하면서 우리가 기존에 알고 있었던 사실과 또 다른 새로운 정보와 문헌들을 수집할 수 있어 참으로 의미있는 시간들이었습니다. 뿐만 아니라 그곳 현지에서 음미했던 홍차들의 풍미를 지금도 내 가슴속 깊이 품고 있습니다.

증판을 내면서 이와 같은 내용들을 재정리하여 증보하게 되었습니다.

이 책은 입문자로부터 전문가까지 홍차에 대한 이론과 실제를 함께 공유하는 데 그 목적을 두고 11개의 장으로 꾸며 보았습니다. 이를 간단히 살펴보면 다음과 같습니다.

1장에서는 홍차의 유래를 살펴보았고, 2장에는 중국을 비롯한 7개국의 홍차문화가 소개되어 있습니다. 3장은 인도를 비롯한 4개국 14종 홍차의 특징을 사진과 함께 자세히 설명하고 있으며, 4장은 홍차 제다법과 찻잎의 등급, 평가용어를 제시하고 있습니다. 5장은 홍차의 도구를, 6장과 7장에서는 다양하게 홍차를 즐기는 방법 50여 가지를 선보이고 있습니다. 8장에서는 누구나 쉽게 특별한 나만의 차를 블렌딩할 수 있는 방법 10여 가지를 소개하고 있습니다. 그리고 9장에서는 홍차에 잘 어울리는 티 푸드를, 10장에서는 독일의 마이쎈을 비롯한 6개국의 명품 도자기와 테이블 웨어를 설명하고 있습니다. 끝으로 11장에서는 홍차의 꽃이라 할 수 있는 다양한 테이블 세팅을 표현해 보았습니다. 자연을 모티브하여 누구나 손쉽게 세팅할 수 있는 방법을 제시하여 홍차의 색다른 풍취를 오롯이 만끽할 수 있도록 하였습니다.

특히, 홍차에 대한 이해를 돕기 위하여 400여 장의 사진 속에 홍차의 미학을 담아 보았습니다.

이제 아름다운 홍차의 세계로 여러분을 초대해 봅니다.

홍차, 그 매혹의 세계에서 즐겁게 점핑할 수 있도록 저에게 힘이 되어 주신 많은 분들께 지면을 빌어 깊은 감사의 마음을 전합니다.

홍차, 그 화려한 유혹 속에서

매일 아름다운 홍빛의 작은 변화를 함께 즐겼으면 합니다.

2018년 4월
김영애

목차

제1장 홍차의 유래

016 1. 세계인의 입맛을 사로잡은 홍차의 유래
020 2. 티 로드(Tea Road)와 세계 차 생산 현황
021 3. 세계 3대 홍차

제2장 각국의 홍차문화

024 1. 중국의 홍차문화
027 2. 영국의 홍차문화
030 3. 인도의 홍차문화
033 4. 스리랑카의 홍차문화
035 5. 네팔의 홍차문화
037 6. 케냐의 홍차문화
039 7. 러시아의 홍차문화
042 8. 미국의 홍차문화

제3장 각국의 홍차 종류와 특징

048 1. 중국 홍차
　　　가. 정산소종
　　　나. 기문홍차
　　　다. 전홍

054   2. 인도 홍차
          가. 아쌈
          나. 다르질링
          다. 닐기리
          라. 도아즈
          마. 씨킴

068   3. 스리랑카 홍차
          가. 우바
          나. 딤블라
          다. 누와라 엘리야
          라. 캔디

074   4. 네팔 홍차

076   5. 케냐 홍차

제4장 홍차 제다법과 찻잎 등급 및 평가용어

080   1. 제다법의 종류
082   2. 전통제다의 유래
084   3. 전통제다 과정
090   4. 찻잎의 등급
099   5. 홍차의 감별 용어
107   6. 홍차 감별 평가표

목차

제5장 홍차의 도구

- 110 1. 탕관
- 110 2. 티팟
- 110 3. 찻잔
- 110 4. 차통
- 111 5. 티코지
- 111 6. 티메저
- 111 7. 모래시계
- 111 8. 블렌딩기
- 112 9. 스트레이너
- 112 10. 케익스탠드
- 112 11. 각종 티 웨어

제6장 다양한 홍차 만들기

- 116 1. 홍차를 즐기는 기본 상식
- 118 2. 스트레이트 티(Straight Tea)
  - 가. 등급별 차 우리는 방법
  - 나. 점핑
- 124 3. 베리에이션 티(Variation Tea)
  - 가. 밀크 티(Milk Tea)
    - 1) 기본 밀크 티
    - 2) 시나몬 밀크 티
    - 3) 바나나 밀크 티

    4) 인디안 밀크 티

    5) 아이리쉬 로얄 밀크 티

    6) 초코칩 밀크 티

    7) 마시멜로 밀크 티

    8) 홍차 라떼

  나. 스피리츠 티(Spirits Tea)

    1) 와인 티

    2) 위스키 티

    3) 티 로얄

  다. 과일 티(Fruits Tea)

    1) 스트로베리 티

    2) 애플 티

    3) 레몬 티

    4) 파인애플 티

    5) 자몽 티

    6) 그레이프 티

    7) 복숭아 티

    8) 살구 티

    9) 종합 과일 티

  라. 아이스 티(Iced Tea)

    1) 기본 아이스 티

    2) 트리플 아이스 티 I

    3) 트리플 아이스 티 II

    4) 비어 티

    5) 아이스 진저 티

6) 아이스 그레이프 티

7) 아이스크림 티

제7장 허브 티(Herb Tea)

182   1. 허브의 의미
183   2. 허브의 종류와 분류
184   3. 허브 티의 종류에 따른 효능과 음용 방법
      가. 루이보스
      나. 린덴
      다. 페퍼민트
      라. 멜로우
      마. 히비스커스
      바. 캐모마일

제8장 나만의 특별한 차 만들기

192   1. 블렌딩
194   2. 몸과 마음을 치유하는 홍차 블렌딩
      가. 스트레스를 풀고 싶을 때
      나. 우울할 때 기분전환을 위해서
      다. 에너지를 충전하고 싶을 때
      라. 감기 증상이 있을 때
      마. 입맛이 없을 때

바. 노화방지를 위해서
197 3. 몸과 마음을 행복하게 해주는 홍차 블렌딩

제9장 티 푸드(Tea Foods)

204 1. 핫 케이크
206 2. 베이컨 오렌지말이
207 3. 마들렌
208 4. 딸기 경단
210 5. 샌드위치
212 6. 감자 크루스타드
214 7. 게살 카나페
216 8. 크루아상

제10장 테이블 웨어

220 세계의 명품 도자기
222 1. 마이쎈
224 2. 웨지우드
226 3. 리챠드 지노리
228 4. 헤랜드
230 5. 로젠탈
232 6. 로얄 코펜하겐
233 7. 아우가르텐

목차

제11장 테이블 세팅의 사계

- 236 1. 1월, 휴(休)스테이션
- 240 2. 초들의 새로운 탄생
- 242 3. 창의 작은 변화, 그 소소한 행복
- 246 4. 초여름, 그 싱그러움을 담아
- 248 5. 가을, 홍차 한 잔의 여유
- 252 6. 낙엽이 쌓인 오솔길
- 254 7. 나만의 러너 연출법
- 256 8. 티 로얄과 함께 하는 크리스마스
- 260 9. 눈 오는 날의 설렘
- 264 10. 소중했던 시간을 간직하며

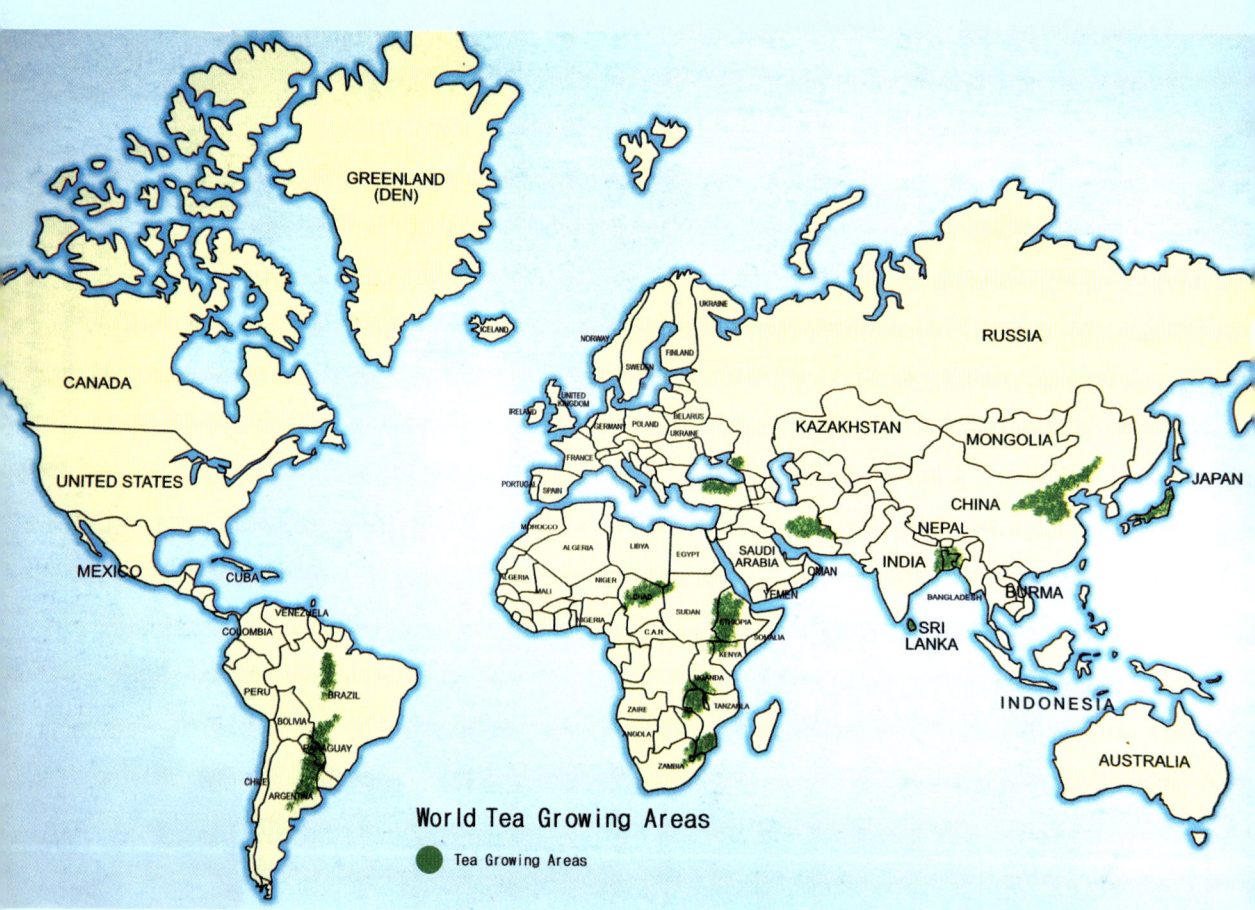

출처 : Calcutta Tea Traders Association, CTTA TEA DIGEST(2008), p.64.

제1장

홍차의 유래

1. 세계인들의 입맛을 사로잡은 홍차의 유래
2. 티 로드(Tea Road)와 세계 홍차 생산 현황
3. 세계 3대 홍차

1. 세계인들의 입맛을 사로잡은 홍차의 유래

오렌지 물빛 속 골든링이 출렁이는 찻잔에 오묘한 향기까지 가득 품고 있는 홍차는 중국에서 태어나 영국에서 성장하여 전 세계를 홍색으로 물들이며, 세계 차 생산의 75%를 점유하고 있다.

일찍이 중국은 실크 로드(Silk Road) 위에 티 로드(Tea Road)를 만들어 유럽을 홍빛 차향으로 물들여 왔다. 거기에 티 로드는 중국의 문화를 동·서로 전파시키면서 17세기 유럽에 시누아즈리(Chinoiserie) 열풍을 유행시켰다.

사실 동양의 차 문화가 언제 누구에 의해서 유럽에 전해졌는지는 정확히 알 수 없다. 당시 유럽은 차와 도자기를 감히 생각조차 하지 못했던 시절이었다. 뜨거운 음료를 도자기에 마신다는 사실에 놀라지 않을 수 없었던 유럽인들에게 그야말로 차는 진귀한 음료로 자리매김하면서 급속히 전파되었다.

1610년 일본의 녹차가 네덜란드 동인도 회사에 의해서 처음 유럽에 공식 수입되었다. 그러나 유럽인들의 반응은 그리 크지 않았다. 그 이유는 장시간의 운송 과정에서 차의 산화로 녹차 본연의 맛을 상실하여 상품으로 인정받지 못했기 때문이었다.

1630년경 중국의 차가 유럽에 유입되었고, 네덜란드 상인들에 의해서 중국과의 차 교역이 본격화되었다. 특히 백색의 금이라 불렸던 도자기에 뜨거운 차를 우려 마시는 모습은 유럽인들에게는 대단히 생소하고 신비스럽게 보였다.

1600년경 영국은 동인도 회사를 설립하였지만 차는 네덜란드 동인도 회사로부터 수입하였다. 1651년 항해조례(Navigation Acts)가 제정된 후 무역자유화 바람이 불면서, 영국은 1689년 드디어 중국 푸젠성의 홍차를 직수입하게 되었다. 따라서 빠른 시간에 신선한 차를 보급 받을 수 있는 티클리퍼(Teaclipper) 시대가 그 막을 열었고 그로 인해 영국은 동양 무역의 기세를 사로잡을 수 있었다.

1838년까지만 하여도 유럽에서는 중국차가 100%를 점유하고 있었다. 차나무가 자생하지 않는 영국은 1823년 식물학자 로버트 브루스(Robert Bruce)가 인도 아쌈 지역에서 야생 차나무를 발견하면서 영국제 홍차를 생산하게 되는 계기를 마련하게 되었다.

그 당시의 인도 뭄바이(지금의 아쌈) 땅은 1662년 포르투갈 브라간자 출신 캐서린(Catherine of Braganza, 1638~1705)이 영국의 찰스 2세에게 시집오면서 지참금으로 가져온 땅이었다. 영국이 홍차의 개발을 고민하고 있던 시점에서 야생 차나무가 발견된 아쌈 땅은 영국에게는 참으로 진귀한 선물이었다. 이 기회를 포착한 영국은 홍차 제다기술과 재배 방법 등을 중국으로부터 수입하여 1834년 인도 총독산하에 차업위원회를 설립하였고 오랜 시간 많은 시행착오 끝에 드디어 1839년 영국제 홍차(아쌈차)를 탄생시켰다.

인도의 홍차가 대량 생산되면서 은값처럼 비쌌던 중국의 차값은 저렴해지고 홍차는 범국민적 음료로 자리매김하게 되었다. 이로써 영국의 차 문화는 차로 시작하여 차로 끝나는 말 그대로 다반사(茶飯事)가 생활화 되었다. 18세기 유럽을 매혹시킨 홍차의 물결은 오늘날 세계인들의 입맛을 사로잡는 마법의 음료로 각광받고 있다.

2. 티 로드(Tea Road)와 세계 차 생산 현황

가. 티 로드(Tea Road)

	동북지방	시베리아
	동남지방	한반도 → 일본
	서쪽지방	미얀마 → 인도
중국	서북지방	티베트 → 인도 → 네팔 → 카시미르 → 아프가니스탄 → 페르시아 → 터키 → 유럽
	남쪽지방	라오스 → 베트남 → 태국
	북쪽지방	우크라이나 → 러시아 → 북아프리카 → 알제리아 → 모로코

나. 세계 차 생산 현황

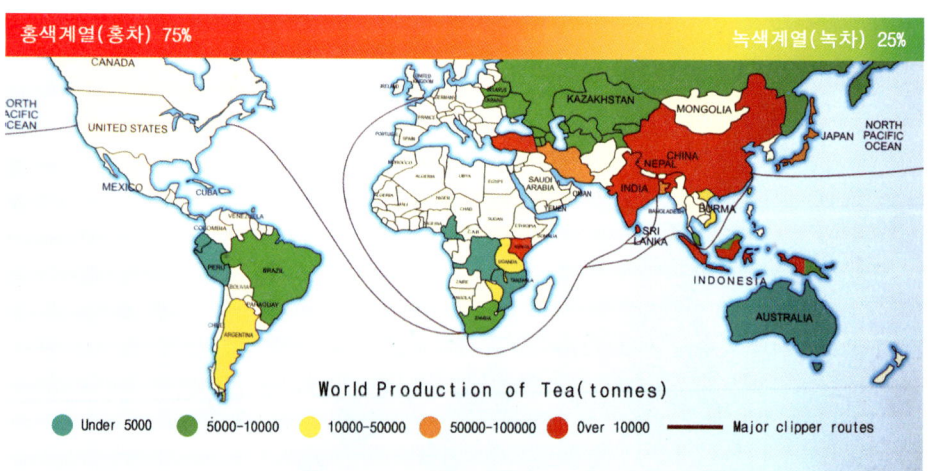

출처 : Calcutta Tea Traders Association, 『CTTA TEA DIGEST』(2008), p.85.

3. 세계 3대 홍차

중국 | 기문

인도 | 다르질링

스리랑카 | 우바

제2장
각국의 홍차문화

1. 중국의 홍차문화
2. 영국의 홍차문화
3. 인도의 홍차문화
4. 스리랑카의 홍차문화
5. 네팔의 홍차문화
6. 케냐의 홍차문화
7. 러시아의 홍차문화
8. 미국의 홍차문화

1. 중국의 홍차문화

중국 홍차의 시발지이자 세계 최초의 홍차가 탄생한 복건성 무이산 일대, 그곳은 지금도 다양한 암차들이 생산되고 있다. 천혜의 자연 조건을 지닌 무이산은 차가 싹트는 시즌에 무이 구곡에서 피어오르는 물안개와 협곡 사이사이에서 피어나는 운무가 한 폭의 그림 그 자체이다.

안개 듬뿍 먹고 자란 차들은 무이산의 암운(巖雲)까지 머금고 있어 중국 명차 다운 기상을 보여주고 있다. 이러한 차들은 16세기 초 무이산에서 수련하는 도학자들과 승려들이 심고 가꾸었다는 설과 함께 지금도 그 자취가 고스란히 남아 있다. 이처럼 천혜의 자연조건 속에서 16세기 초 소종차가 생산되었다.

소종차는 발효차로서 육정찬이 쓴 《속다경》에 의하면, "공부차(工夫茶)는 소종차수이며 암차를 말하는 것이다"라고 기록되어 있다. 이와 같이 소종차는 1630년경 유럽에 최초로 수출되어 고가에 판매되었고 서양인들의 입맛을 사로잡았다. 17세기 초 무이산 동목촌에서 생산된 소종차는 건조과정에서 납면(臘面)처리를 하여 오묘한 송연향(松烟香)을 뿜어내고 있다. 이 차는 훗날 정산소종이라 불리우게 되었는데, 정산은 무이산을 지칭하는 말이다. 당시 유럽의 차 수요가 급증하면서 타 지역에서도 차들이 생산되었는데 그 대표적인 차가 외산소종이다. 외산소종은 저렴한 가격으로 수출길에 올랐다. 특히 향을 좋아하는 유럽인들에게 큰 호평을 받았던 외산소종은 무이(Bohea)차라는 명칭으로 거듭나게 되었으며, 1689년에는 영국 동인도 회사에서 이 차들을 직수입하였다.

푸젠성에서 시작된 소종차는 안후이성 기문 일대에 전해지는데, 1850년대까지만 하여도 기문현에서는 홍차가 아닌 녹차가 생산되고 있었다. 하지만 녹차의 판

매가 부진했다.《중국 명차 연구 선집》에는 "당시 녹차 판매가 부진했다. 차는 생산량의 약 10%만이 수출되었고 홍차는 녹차보다 가격이 높아 모조품이 생기는 추세였다. 이러한 현실 속에서 기문차의 생산에 큰 변화의 장을 가져오는데, 그 중심에 후웬롱(胡元龍, 1835~1924)과 천러칭(陳光楷, 1830~1933)이 있었다."라고 기록되어 있다. 후웬롱과 천러칭은 기문홍차의 창시자이다. 특히 〈청나라 119호 상주문〉에는 "안후이에서 홍차를 만들어 치(祁), 젠(建)에서 흥하게 되었다. 치, 젠에서 홍차가 생산되게 된 것은 후웬롱에서 시작되었다. 후웬롱은 치먼(祁問), 난향(南鄕), 구이시(貴溪) 사람으로 황산에 5천여 무(畝)를 개척하여 차나무를 심었다. 광서 원년, 2년, 녹차 판매가 어려워지자 홍차 만드는 방법을 연구 고찰하여 홍차 공장을 설립하고 직접 차를 만들고 각 지역을 다니며 가르쳤다."라고 기록되어 있다. 뿐만 아니라 이 같은 내용을 뒷받침하듯 중화민국 정공(鄭恭)의《잡기(雜記)》,《치먼홍차원류》에는 "중화민국 기원 전 50년, 후웬롱(胡元龍)과 천러칭(陳光楷) 두 사람은 치먼 서남향에 차 공장을 세우고 최고급 기홍(祁紅)을 생산하였다. 당시 차 공장은 후르순(胡日順), 천이펑(陳怡豊)이라는 브랜드명을 걸고 기문홍차를 완성시켰다."라고 기록되어 있다. 이렇듯 1875년 탄생된 기문홍차는 당시 유럽인들의 입맛을 사로잡았으며, 중국을 대표하는 홍차로서 세계 3대 홍차 중의 하나로 거듭나게 되었다. 또한, 1938년에는 운남성에서 전홍이 생산되는 등 오늘날 중국 각 지역에서 생산되는 홍차는 무려 40여 종이나 된다. 그 중심에 장천복(張天福, 1910~2017)이 있었다. 그는 1941년 차 가공기계(유차기)를 발명하여 중국 차 산업을 부흥시켰을 뿐만 아니라 인재 양성에 힘쓴 중국 차계의 태두였다. 특히 그는 한동안 정체성을 잃어버렸던 정산소종을 세상에 알려 그 명성을 되찾게 하였고 정산소종 신개념의 차인 금준미를 알리는데 큰 기여를 하였다.

세계 홍차의 발원지 무이산 동목촌은 국가자연보호구역으로 지정되어 그곳은 지금도 옛 모습 그대로 보존되어 있다.

2. 영국의 홍차문화

　영국 차 문화의 원조는 포르투갈의 공주 캐서린(Catherine of Braganza, 1638~1705)이다. 그녀는 1662년 영국의 찰스 2세에게 시집오면서 지참금으로 인도 뭄바이 땅을 가져왔다. 이 땅은 지금의 아쌈 지역으로 영국으로 하여금 동양 진출의 시발점이 된 곳이다. 1674년까지만 하여도 네덜란드의 동인도회사는 중국의 차를 독점하고 있었다.

영국은 이에 반발하였고, 네덜란드와 네 번의 전쟁(1652~1674) 끝에 해양대국으로 우뚝 서게 되면서 1689년 드디어 중국 푸젠성에서 차를 직수입하게 되었다. 당시 영국인들이 수입한 차는 푸젠성 무이산 동목촌에서 소엽종(小葉種)으로 만든 소종차였다.

특히 소종차는 그 토양에서 뿜어내는 달콤한 용안과(龍眼果)의 향과 차의 건조 과정에서 소나무를 태운 훈연(Smoky)향이 오묘하게 스며들어 있어 향을 좋아하는 영국인들의 입맛을 사로잡았다. 따라서 차의 수요가 급증하였고 차의 가치는 은보다 더 귀히 여기며 홍차의 화려한 홍빛과 향에 매료되었다. 그로 인해 영국정부는 차가 경제작물로써의 그 효율성을 직시하고 인도 아쌈 지역에 차를 전략적으로 재배하고자 다각적인 노력을 기울였다.

1823년 영국의 식물학자 로버트 부르스(Robert Bruce)는 캐서린이 예단으로 가져온 아쌈 땅에서 차나무가 자생하고 있음을 인도 아쌈의 귀족 마니람 데완(Maniram Dewan, 1806~1858)으로부터 소개받았다. 1834년 영국정부는 아쌈 지역에서 차를 생산하기 위해 중국의 차 종자와 노동력 그리고 제다 방법까지 모두 도입시켜 보았으나 실패의 연속이었다. 그러나 영국은 오랜 기간 많은 실패를 거듭한 끝에 드디어 아쌈 홍차가 탄생되었고 1839년 영국정부는 아쌈주식회사를 설립하였다.

이듬해 아편전쟁으로 중국차 공급이 어려워짐에 따라 가격 또한 급상승하여 은 값보다 더 비싼 가격으로 판매되는 상황 속에서 영국정부는 아쌈 차를 생산하여 저렴한 가격으로 유럽인들의 입맛을 100% 만족시켰고, 영국은 '빅토리아 티'라 칭하며 범국민적인 음료로 자리매김하게 되었다.

중국 도자기는 당시 '백색의 금'이라 불리우며 진귀하게 여겨졌다. 18세기에 이르러 비로소 유럽은 도자 산업에 눈을 뜨게 되었고 1759년 영국은 웨지우드 도자 회사를 설립하여 영국풍의 고아한 각종 테이블 웨어를 제작하게 되었다. 따라서 화려한 테이블 세팅과 함께 브렉퍼스트 티(Breakfast Tea)와 애프터눈 티(Afternoon Tea) 등이 유행하면서 차 문화의 전성기를 맞이하게 되었다.

영국인들의 차 문화는 생활 속에 깊숙이 스며들어 일상의 다반사 그 자체가 되었다. 이른 아침 눈을 뜨면서부터 즐기는 얼리 모닝 티(Early Morning Tea), 아침 식사와 함께하는 브렉퍼스트 티(Breakfast Tea), 오전 11시경 휴식을 취하면서 즐기는 일레븐즈 티(Elevenses Tea), 점심시간에 즐기는 런치 티(Lunch Tea), 오후에 마시는 애프터눈 티(Afternoon Tea), 저녁 식사와 함께 하는 하이 티(High Tea), 저녁 이후의 애프터 디너 티(After dinner Tea) 등의 티타임이 있다.

　이렇듯 18세기 영국은 중국에서 고가의 차와 다양한 음다 문화를 받아들이면서 귀족 중심의 스트레이트 티 문화가 형성되었다. 더욱이 인도 차의 저렴한 공급으로 차의 수요가 증가하면서 대중화에 크게 기여하게 되었다. 특히, 아쌈 차의 떫고 쓴맛을 보완하기 위해 영국식 밀크 티(English Breakfast Tea)의 음다 문화가 형성되었고 그들은 식사와 함께 넉넉한 밀크 티를 즐기게 되었다. 따라서 실용성을 중요시하는 영국인들은 오늘날에도 스트레이트 티보다 밀크 티를 더 선호하고 있다.

　거기에 풍성한 티 푸드와 우아한 테이블 세팅까지 함께 하면서 영국의 홍차문화는 오감을 만족시킬 수 있는 사교의 장으로 거듭나게 되었고 세계를 홍빛 차향으로 물들이고 있다.

인도는 1946년까지만 하여도 영국의 식민지이었다. 1662년 포르투칼 캐서린(Catherine of Braganza, 1638~1705) 공주가 영국의 찰스 2세에게 시집오면서 예단으로 가져온 인도의 뭄바이(지금의 아쌈) 땅, 그곳에 영국은 중국종과 아쌈종을 육성하여 오늘날 세계 홍차 생산 제1위국으로 전체 생산량의 38%를 생산하고 있다.

인도 홍차는 히말라야 산맥 기슭에서 재배되고 있는 아쌈, 다르질링, 씨킴, 칸구라, 도아즈, 테라이와 남인도 고원지대에서 생산되는 닐기리 등이 있다.

3. 인도의 홍차문화

인도는 세계 홍차 생산 1위국이자 홍차 수출 1위국으로 세계 홍차 공급량의 약 38%를 생산하고 있으며 세계에서 가장 많은 홍차를 즐기고 있는 나라이다.

1947년 영국으로부터 독립되었을 당시만 하여도 인도의 국내 차 소비량은 고작 20% 정도였다. 그러나 오늘날에는 인도 차 생산량의 80%를 자국 내에서 소비하고 있다.

인도차의 시발지이자 세계 최대의 홍차생산지 아쌈 지역은 광활한 밀림지역과 탁 트인 평야에 완만한 기복이 있는 구릉지대이며 거기에 거대한 브라마푸트라강이 흐르고 티베트 산맥의 비옥한 흙이 강 양편으로 운반되고 있다. 이와 같은 천혜의 자연조건을 지닌 아쌈 지역은 차나무 재배의 적지임이 판명되어 1834년부터 본격적으로 차 산업이 시작되었다. 처음에는 차밭을 조성하기 위해 중국의 차 종자를 구입하여 심었으나 아쌈 지역의 기후에 적응하지 못해 많은 실패를 거듭하였다. 결국 지역종인 아쌈 야생종을 심어 오늘에 이르렀다. 1970년 이후 아쌈 차의 큰 변화는 오쏘독스 티(Orthodox Tea)에서 1993년 CTC 공법으로의 전환이다. 이로 인해 차 생산량의 83%가 CTC로 대량 생산되어 대중화에 크게 기여하고 있다.

아쌈의 3대 차 생산지는 디부르가(Dibrugah)와 십사가르(Sibsagar), 다랑(Darrang)이다. 이곳에서 생산되는 아쌈 차는 대엽으로 1kg의 차를 만들기 위해서는 약 1만개의 갓 피어오른 찻잎이 필요하다. 봄 시즌에 생산되는 아쌈 차는 오쏘독스(Orthodox) 정통 방법으로 만들어져 스페셜리티 티(Speciality Tea)와 블렌딩용으로 제공되고 있으며 여름과 가을 시즌에 생산되는 차들은 CTC 공법으로 전량 생산되고 있다. 특히 몬순기간에 생산되는 차들은 100% 짜이(Chai)로 생산되어 인도국민음료로 자리매김 하고 있다.

아쌈 지역과 약 120마일 정도 떨어져 있는 다르질링의 차는 주로 스트레이트 티로 음용하고 있다. 다르질링 지역은 1850년부터 본격적인 차 재배가 시작되었는데 이곳에서 생산되는 차는 대체로 중국 차나무의 변종이다. 다르질링 고산지대의 차들은 소엽종으로 1kg의 차를 만들기 위해서는 약 2만여 개의 찻잎이 필요하다.

다르질링 홍차는 세계 3대 홍차 중의 하나로 '홍차의 샴페인'이라 불리우고 있으며 다르질링의 봄, 여름, 가을 시즌의 차들은 전량 오쏘독스 티(Orthodox Tea)로, 몬순 기간의 차들은 CTC 또는 더스트 티(Dust Tea)로 생산되고 있다.

인도 남부지역의 닐기리 차들은 시즌별로 그 맛과 향에 큰 차이가 있기 때문에 이 차들은 스트레이트 티뿐만 아니라 블렌딩용으로 또는 과일 티와 아이스 티 등으로 사용되고 있다. 이와 같이 인도의 차들은 지역마다 생산되는 차들의 특성이 각기 다르기 때문에 다양한 방법으로 음용되고 있다.

제다 방법은 Orthodox와 CTC 공법으로 나누어진다. 인도의 정통 제다 방법인 Orthodox는 대체로 수출용 Leaf Tea로 생산되고 있으며, CTC공법의 차들은 주로 내수용으로 판매되고 있다.

이와 같은 차 산업의 발전 속에서 인도의 홍차는 아쌈, 다르질링, 도아즈, 테라이, 씨킴, 칸구라, 그리고 인도 남서단의 아름다운 블루 마운틴즈에 있는 닐기리 지역까지 확산되어 오늘날 세계 최대의 홍차 생산국으로 굳건히 자리매김하고 있다.

4. 스리랑카의 홍차문화

인도양에 떠있는 아주 작은 섬 실론은 세계인들이 가보고 싶어 하는 섬 중의 하나이다. 실론은 1948년 영국으로부터 독립하여 1972년 실론(Ceylon)에서 '스리랑카 공화국'이라는 정식 국호로 출범하였다. 원래 커피 산지로 알려져 있던 스리랑카는 1869년 커피 녹병균으로 인하여 농장들이 황폐화되었다. 이에 대체작목으로 차나무를 심게 되었고, 다원의 확장으로 현재 세계 홍차 생산 3위국으로 알려진 스리랑카의 홍차는 '초록빛 황금'이라 불리고 있다.

스리랑카 홍차는 해발 고도에 따라 찻잎의 등급을 3가지로 분류하고 있다. 1,200m 이상의 고도에서 생산되는 고품질의 차로서 스리랑카 최고의 차로 인증받고 있는 하이 그로운 티(High Grown Tea), 그리고 600~1,200m의 고지에서 생산되는 미디엄 그로운 티(Medium Grown Tea)와 해발 600m 이하에서 생산되는 로우 그로운 티(Low Grown Tea)로 분류하고 있다. 대부분의 차들이 다 그러하겠지만 스리랑카의 홍차는 유독 등급에 따라 그 맛과 향, 그리고 품질의 차이가 크다.

표고 1,900m의 높은 고원에 위치하고 있는 누와라엘리야 지역은 스리랑카에서 가장 높은 파두루탈라갈라산과 마하웰강을 사이에 두고 구릉진 산야의 녹색 무한지대가 펼쳐져 있기에 '그린골드'라 불리고 있다. 이곳에서 생산되는 누와라엘리야는 매혹적인 홍차로 스리랑카 홍차의 샴페인이라 칭해지고 있다.

또 세계 3대 홍차 중의 하나인 우바는 중앙산맥의 중·고지역에서 생산된다. 우바의 향과 맛은 인도의 차보다 바디감이 좋으며 홍빛 탕색은 세계인들의 눈과 입을 유혹하고 있다.

그리고 우바와 맞은편 지역에서는 딤블라 홍차가, 스리랑카의 가장 낮은 지역에서는 캔디와 루후나 홍차 등이 생산되고 있다.

스리랑카 홍차는 대체로 BOP 공법으로 생산되고 있으며, OP는 전 생산량의 약 15% 정도가 전통방법에 의해 만들어지고 있다. 이러한 스리랑카 홍차는 유독 붉은빛 골든팁의 함량이 풍부하게 들어 있다.

스리랑카 사람들은 키리 티를 즐긴다. 키리 티는 이른 아침 홍차에 우유와 설탕을 듬뿍 첨가하여 마시는 밀크 티이다. 그리고 점심 무렵에는 팬케이크의 일종인 '하퍼스(Hoppers)'를 곁들인 런치타임 티(Lunchtime Tea)를, 오후에는 홍차에 설탕을 듬뿍 넣어 마시는 플레인 티(Plain Tea)를 즐긴다.

5. 네팔의 홍차문화

　1873년 네팔 총독인 Gajraj Singh Thapa는 인도의 다르질링 지역을 여행하던 중 차의 매력에 빠져 네팔에서 차를 경작할 것을 결심했다. 그는 처음 일람(Ilam)과 속팀(Soktim)에 농원을 세우고 네팔 최초의 정통 홍차를 생산하였다. 그 후 네팔은 1985년 동부 5개 지역(Jhapa, Ilam, Panchthar, Terhathum, Dhankuta)에 티존(Tea-zone)을 선포하였고, 이로 인해 차의 경작 면적은 날로 증가하였다. 해발 3,000피트에

서 6,000피트 사이에 자라는 네팔의 차나무는 대부분 중국 변종으로 기온차가 심한 이 지역에 잘 견디는 특성을 지니고 있다. 네팔은 오롯이 홍차만 생산하고 있는데 네팔 홍차의 특성을 살펴보면, 첫 번째 차인 퍼스트 플러쉬 티(First Flush Tea)는 3월 말부터 4월 사이에 수확하는데 흑갈색에 많은 팁(Tip)이 함유되어 있으며 탕색은 맑은 골든빛을 띠고 있다. 또한 다르질링과 비슷한 맛을 느끼게 하며 오묘한 맛과 향을 지니고 있다.

세컨 플러쉬 티(Second Flush Tea)는 5월에서 6월 사이에 생산되는데 그 풍미는 다양한 과일 맛을 지니고 있는 것이 특징이다. 6월에서 9월 말까지는 몬순기후로 인해 비에 흠뻑 젖어 수분함량이 많아 다른 시즌의 차 맛보다 떨어지며 쓴맛이 강하다.

10월에 생산되는 가을차는 머스커텔(Muscatel)향을 품고 있으며, 맑은 오렌지빛 탕색과 견과류의 맛을 지니고 있다. 외형은 골든팁(Golden Tip: 황금빛 新芽)과 실버팁(Silver Tip: 흰빛 新芽), 그리고 카키색과 브라운 톤 등의 잎으로 배합되어 있다.

6. 케냐의 홍차문화

세계 4대 홍차 생산국 중 하나인 케냐는 1903년 백인 이주자들이 키암부(Kiambu) 지구에 시험적으로 차나무를 심었다. 그리고 케냐 고원의 케리코(kericho)와 난디(Nandi) 등의 지역에 차 재배를 시작하면서 점차적으로 증가하게 되었다. 케냐 고원의 주요 차 재배지역은 해발 5,000~9,000피트의 고도에 위치하고 있으며, 다른 지역과 달리 이곳은 많은 비로 인하여 강수량이 풍부하다. 따라서 차나무가 활발하게 성장하는 데 큰 도움을

주는 지역이다. 1950년 케냐의 홍차가 국가의 중요 작물로 자리매김하게 되면서 이를 국가적 차원에서 관리 감독하기 위해 차 위원회를 설립하였다. 케냐의 홍차는 대체로 떫은 맛이 적고 감칠맛이 풍부하여 누구나 즐길 수 있는 무난한 차이기도 하다.

케냐 홍차는 20세기가 되면서 본격적으로 생산되기 시작하였으며, 대부분 대엽종의 케냐 홍차는 CTC 제법으로 만들어지고 있다. CTC 제법으로 만들어진 차는 차의 추출 시간이 매우 짧고 탕색이 매우 진하다는 특징을 지니고 있다. 따라서 블렌딩 또는 티백의 원료로 많이 쓰이고 있다. 반면, 캥가이타 차 농원에서는 소량의 전통차를 FOP에서 BOP까지 다양하게 생산하여 차 애호가들의 입맛을 사로잡고 있다. 또한 소엽의 케냐 홍차는 스트레이트 티(Straight Tea)와 브렉퍼스트 블랜드(Breakfast Blend)에 쓰이는데 조화로운 맛과 강한 탕색이 그 풍미를 더해주며, 특히 초콜릿 음식과 잘 어울린다.

연중 생산되는 케냐홍차의 가장 적기(Quality Season)는 1월부터 2월 사이이다.

이러한 케냐 홍차는 깊은 감칠맛과 풍부한 꽃 향의 풍미가 가득하며 바디감이 약하기 때문에 대체로 아이스 티 용으로 사용되고 있다.

7. 러시아의 홍차문화

　러시아의 차 문화는 영국보다 먼저 시작되었다. 러시아에 중국의 차를 처음 소개한 사람은 코사크 출신 튜멘넷(Tyumenets)이다. 그는 몽골에서 외교 임무를 수행하고 돌아오던 길에 중국 차 샘플을 가져와 러시아에 소개하였다. 그리고 1618년에는 러시아 궁정에 중국 대사가 차를 선물하였고, 이를 계기로 러시아 왕실의 차 문화는 서서히 눈을 뜨기 시작하였다.

　1638년 몽골의 통치자 알튠칸(Altyun Khan)은 러시아의 미하일 페도로비치(재위 1613~1645) 황제에게 200여 통의 차를 선물했다. 러시아 차 문화의 경로는, 17세기 초 몽골의 육로를 통해 중국의 교역품 중의 하나인 차가 유입되었지만 몽골인들의 행패가 심해 목숨을 건 교역길이었다. 이러한 교역의 어려운 점을 보완하기 위해 1689년 피터대제와 강희 대제는 네르친스크(Nerchinsk)조약을 체결하였다. 이 조약은 중국이 외국과 최초로 체결한 것으로 이로 인해 러시아는 몽골을 통하지 않고 중국과 직접 거래를 할 수 있게 되었다.

　그리고 1727년에는 양국이 카프타 협정을 체결하여 민간대상무역이 시작되었다. 이를 계기로 차의 수요가 점점 늘어나게 되자 1883년 처음으로 크리미아 반도에 있는 니키티 식물원에 차나무를 심기 시작하였다. 그 후 러시아의 남서부 크라스로다 지역에 본격적으로 차나무를 심고 차를 생산하였지만 그 품질이 낮고 생산량도 저조했다.

　그런 가운데 1860년 시베리아 철도가 건설되면서 러시아는 중국의 신선한 차를 빠르고

사모바르(Samovar)

안전하게 공급받을 수 있게 되었다. 은값처럼 비싸던 차가 철도의 개통으로 저렴하게 공급되면서 차 문화는 더욱 더 발전하게 되었다. 왕실을 중심으로 시작된 차는 범국민적 음료로 자리매김하게 되면서 러시아만의 독특한 음다 문화가 형성되었다.

러시아의 차 문화하면 가장 먼저 떠오르는 것이 바로 사모바르(Samovar)이다. 사모바르는 탕 불림기를 일컫는 것으로 은, 주석, 또는 동으로 만들었는데 당시 일반 가정에서는 부(富)를 상징하는 기물이었다. 러시아인들은 지리적 특성상 핫티를 즐기고 있다. 따라서 금속제의 찻잔 홀더(Podstakannik)에 유리잔을 끼워 뜨거운 차를 따라 마시는데, 이것은 러시아에서만 볼 수 있는 독특한 차 도구이며, 음다 방법이다. 러시아인들은 추운 겨울을 이겨내기 위해 다양한 음다 문화를 보급시켰다. 겨울철 비타민C를 섭취하기 위해 다양한 과일들을 차에 접목시켜 블렌딩하였다.

러시아 남쪽지방에서 생산되는 레몬을 소모시키기 위해 시작된 레몬 티는 오늘날 세계인들이 즐겨 마시는 홍차가 되었다. 또한 홍차에 레몬 대신 딸기, 오렌지 등의 달콤한 과일을 넣어 음용하기도 한다. 뿐만 아니라 뜨거운 홍차에 위스키 또는 와인 등을 넣어 마시는 스피리츠티는 러시아를 대표할 수 있는 차 문화이며, 세계인들의 입맛을 사로잡고 있다.

위스커피

8. 미국의 홍차문화

영국의 식민지였던 미국은 영국으로부터 자연스럽게 차 문화를 유입하게 되었다. 여느 나라가 다 그러했듯이, 미국 역시 상류층 중심의 차 문화가 형성되었다. 미국의 차 문화는 지식층 사이에서 각광을 받으며 차의 가치가 높게 평가되었고, 그로 인해 차 소비량이 점점 증가하였다.

18세기 중엽까지만 하여도 찰스톤에서 차를 판매하는 나라는 영국, 프랑스, 네덜란드 등이었다. 영국은 전쟁에서 승리함으로써 차 무역권을 독점하게 되었고 1773년 2월 영국의 화물선 '다트머스'에 114상자의 차를 싣고 보스턴 그리핀 항에 정박하였다. 영국은 미국에게 차 밀수입 금지령을 내리고, 영국 동인도 회사에 차 독점권을 부여하는 관세법을 통과시켰다. 그런 가운데 영국은 차 무역권을 장악하게 되었고, 미국에 차를 수출하게 되면서, 차 세금을 과다하게 부과하였다. 그러자 이에 반대하는 미국인들의 저항운동이 보스턴과 찰스턴에서 급증하였고, 그런 가운데 1773년 12월 15일 차를 실은 화물선 비버호가 보스턴 항에 정박하였다. 미국인들은 인디언으로 변장하고 12월 16일 밤, 항구에 정박 중인 영국 동인도 회사의 배 3척(Dartmouth, Eleanor, Beaver)을 습격하여 340상자의 차를 바다에 버렸다. 이에 영국은 보스턴에 군대를 주둔시키고 손해배상을 요구하였으나 미국은 이를 거절하였다. 미국인들은 너욱 더 단결하여 마침내 1775년 두 나라의 무력 충돌이 일어나게 되었고, 이 사건은 미국 독립전쟁의 발단이 되었다.

미국 농무국에서는 경제 작물로 차밭을 조성하고자 계획을 세웠다. 그리고 1851년 남

부 캐롤라이나 피드몬트 지역과 워드 맬로우에 대단위 차 농원을 조성하였는데 이곳의 차 농원들이 오늘날 미국 차 산업에 큰 기여를 하고 있다. 이러한 발전 속에서 미국의 차 문화는 새로운 장르를 만들어냈다. 그것이 바로 아이스 티와 티백이다.

 아이스 티의 유래를 살펴보면, 1904년에 세인트루이스(St. Louis) 박람회에서 영국인 리처드 블레진느(Richard Blechynden)은 인도의 홍차를 홍보하고자 뜨거운 인디언 티를 준비하였다. 하지만 무더운 날씨 때문에 관람객들의 반응이 없자, 그는 고민 끝에 다음 날 많은 얼음을 준비하여 아이스 티를 제공하였다. 아이스 티는 뜨거운 호응을

받았으며, 마침내 미국 홍차의 새로운 음다 문화를 탄생시켰다.

또한 티백의 유래는 1908년 뉴욕의 차 상인 토마스 설리반(Thomas Sullivan)이 우연한 기회에 고객에게 차를 보내기 위해 비단 주머니에 차를 넣을 수 있도록 샘플작업을 하게 되었는데, 이 샘플작업으로 탄생된 것이 바로 티백이다. 티백은 미국 여성들에게 큰 각광을 받으면서 20세기 세계 차 시장을 점령하였다. 이와 같이 미국은 새로운 홍차 문화를 탄생시켜 오늘날 세계인들에게 가장 쉽고 편리하게 음용할 수 있는 방법을 제공하였다.

제3장

각국의
홍차 종류와 특징

1. 중국 홍차
2. 인도 홍차
3. 스리랑카 홍차
4. 네팔 홍차
5. 케냐 홍차

중국 3대 홍차 생산지.

1. 중국 홍차

가. 정산소종(正山小種)
Quality Season (4월)

- ◾ 향   소나무 가지를 태운 독특한 스모키(Smokey)향과 오묘한 꽃향이 절묘하게 피어오른다.
- ◾ 맛   부드러운 맥아맛 뒤에 용안의 맛과 꿀맛, 그리고 바디감이 입안 가득 오묘한 풍미를 자아낸다.
- ◾ 탕색   금황색에서 호박색까지 시즌에 따라 색의 스펙트럼이 크다.
- ◾ 외형   찻잎은 두텁고 검은 빛에 윤기가 난다.

> **TIP**
> 정산소종은 일명 랍상소종(Lapsang Souchong) 라고 칭하며 랍상은 차를 만드는 건조 과정에서 소나무를 태워 납면(臘面) 처리한 기법을 말한다. 정산소종은 스트레이트 티(Straight Tea) 또는 밀크 티(Milk Tea)에 잘 어울린다.

2) 금준미

Quality Season (4월)

- ■ 향   용안과(龍眼果)의 향과 맥아의 향이 절묘하게 피어올라 그 향미가 매혹적이다.
- ■ 맛   농익은 과일맛과 맥아맛, 그리고 꿀맛의 풍미가 더해지면서 그 맛이 중후하다.
- ■ 탕색   맑고 선명한 황갈색의 골든링(Golden Ring)이 부풀어 오른 듯하다.
- ■ 외형   검은빛 균정한 찻잎 속에 골든팁(Golden Tip)이 풍부하다.

> **TIP**
>
> 금준미(金駿眉)는 정산소종의 신개념의 차로서 소송의 신수를 보여주고 있다. 금준미 100g의 차를 만들기 위해 약 14,000여 개의 아(芽)가 필요하다. 이 차는 스트레이트 티로 즐기면 그 풍미를 충분히 느낄 수 있다.
>
>

나. 기문홍차 (祁門紅茶)

Quality Season (4월~5월)

- ▣ 향　설탕 탄 듯한 스모키(Smokey)향 뒤에 달콤한 꿀향과 난향 등이 절묘하게 피어오른다.
- ▣ 맛　꿀맛 같은 부드러움과 감칠맛 뒤에 중후한 맥아맛이 그 풍미를 더해준다.
- ▣ 탕색　호박빛 골든링(Golden Ring)이 선명하다.
- ▣ 외형　찻잎의 크기는 약 5~7mm 정도이며, 가늘고 균정하여 세긴묘수(細緊苗秀)라 한다. 특히 검은빛 찻잎에는 골든팁(Golden Tip)이 풍부하다.

TIP
세계 3대 홍차 중 하나인 기문홍차는 소엽종이다. 19세기 유럽인들의 입맛을 사로잡은 기문홍차는 동양신비의 음료로 각광받아 왔다. 기문홍차는 스트레이트 티로 즐기면 그 맛의 풍미를 충분히 느낄 수 있으며, 거기에 우유가 함께하는 밀크 티는 구수함을 한층 더해 준다. 또한 기문은 블렌딩에 있어 감초 역할을 한다.

다. 전홍(滇紅)

1) 전홍담황 Quality Season (3월~4월)

2) 전홍금황 Quality Season (9월~10월)

- ■ **향** 농익은 맥아향과 율향(栗香), 그리고 꽃향이 오묘하게 피어오른다.
- ■ **맛** 농익은 과일맛과 맥아맛이 풍부하며 뒷맛이 달고 부드럽다.
- ■ **탕색** 맑은 호박색을 띠고 있다.
- ■ **외형** 봄차는 검은 빛 찻잎에 골든팁(Golden Tip)의 함량이 풍부하고, 가을차는 모든 잎이 골든팁[金毫]으로 구성되어 있으며 윤기가 있다.

> **TIP**
> 윈난성 일대에서 생산되는 전홍은 찻잎 채취시기에 따라 봄차, 여름차, 가을차로 나눈다. 봄차는 담황, 여름차는 국황, 가을차는 금황이라 칭한다. 전홍 중 가장 우수한 차는 단연 봄차이다. 전홍은 전홍공부차와 전홍쇄차로 나누어진다.
> 전홍은 1939년부터 생산되었다. 그리고 유럽에 수출하여 많은 각광을 받았던 차이다.

2. 인도 홍차

가. 아쌈 (ASSAM)

코뿔소의 땅 아쌈은 인도 북동쪽 히말라야 산맥 기슭에 자리하고 있으며 중국, 부탄, 미얀마와 방글라데시 접경지역에 위치하고 있다. 13세기 아홈(Ahom)족들은 브라마프트라강 유역에 정착하여 아홈 왕국을 세우고 600년 동안 그곳에 거주하였다. 1662년 포르투갈의 공주 캐서린(Catherine of Braganza, 1638~1705)이 영국의 찰스 2세에게 시집오면서 예단으로 가져온 아쌈 땅은 인도차의 시발지이자 세계 최대의 홍차 생산지이다. 아쌈 차의 역사적 배경과 발전과정을 살펴보면 다음과 같다.

1774년 영국 동인도 회사는 아쌈지역에서 차 산업을 발전시키

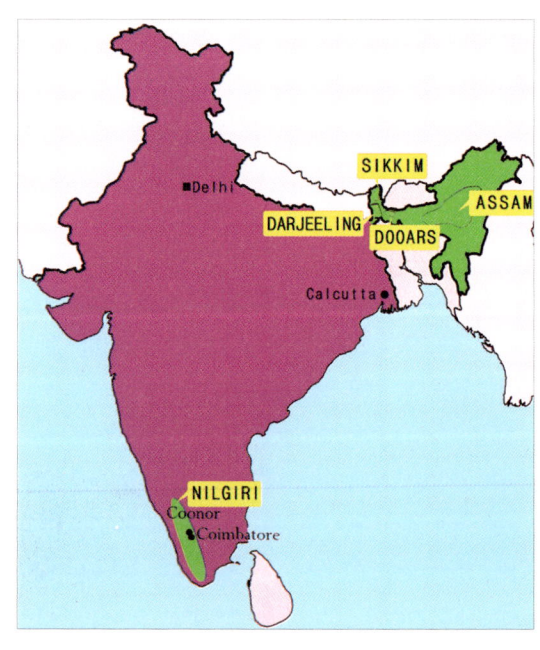

인도 홍차 생산지.

기 위해 영국인 워렌 헤이스팅스(Warren Hastings)를 통해 중국에서 차씨를 구입하여 인도의 죠지보글(George Bogle)에게 보냈다는 내용이 인도 차에 관한 최초의 기록이다. 그 후 1815년 쿠넬 라터(Coonel Latter) 대령은 최초로 아쌈 원주민들의 차 음용 습관을 발견하고 이를 영국 정부에 보고했다. 1819년 아쌈 총독 대리인 데이빗 스캇(David Scott)은 차 재배 가능성에 관심을 가지고 중국종 차나무와 차 씨앗을 벨햄풋터 지역에 심었으나 모두 실패했다.

그러나 영국정부는 1834년 캘커타 식물원에서 차 재배 시험에 성공하여 1838년 아쌈 차 생산 출시와 함께 아쌈 티 마케팅 사업을 본격화하였다.

천혜의 자연조건을 지니고 있는 아쌈 지역은 열대성 몬순기후로 세계 최고의 강수량 연평균 2,000~3,000mm 이상의 폭우성 다우를 수반한 비가 내리고 있다. 특히 아쌈의 겨울은 약 15~33℃, 여름은 35~45℃ 사이로 고온 다습하며 밤과 낮의 기온차가 심한 열대우림지역이다. 지리적 환경적 여건 때문이겠지만 열악한 환경 속에서도 세계 최대의 차가 생산되고 있다. 아쌈 차의 최초 발견자는 마니람 데완(Maniram Dewan, 1806~1858)이다. 마니람 데완은 인도인 최초의 차 재배자로서 아쌈 티 농원을 설립한 사람이며 당시 아쌈의 존경받는 귀족이었다. 특히 1823년 영국인 로버트 부르스에게 아쌈 랑푸르 근처에서 야생 차나무가 자생하고 있다는 사실을 알려주었고, 싱포(Sing Pho) 족장 비사 가움(Beesa Gaum)과 협정을 맺고 차나무와 차 씨앗을 구할 수 있도록 도움을 주었다.

1842년 마니람 (Maniram Dewan, 1806~1858)은 영국의 차 회사 'Assam Tea Company'에서 데완이라는 직책으로 다원을 개발 조성하는 데 큰 공헌을 하였다. 마니람은 1845년 회사를 퇴직하고 조르하트 지역 시나마라(Cinnamara)와 서프리(Suffry)에 자신의 다원을 조성하고 양질의 우수한 차를 생산하여 지역 시장에 판매하였다. 그러나 영국의 과도한 세금을 견디지 못해 다원 운영에 큰 어려움을 겪게 되었다. 그는 아쌈에서 영국인들을 몰아내고 아홈(Ahom)왕국을 재건하

Maniram Dewan (1806~1858)

고자 치밀한 계획을 세웠으나 발각되어 체포되었다. 그는 단 한 번 열린 엉터리 재판에서 사형선고를 받고 1858년 2월 26일 토클라이(Tocklai)천변 둑에서 공개 처형 당했다. 마니람은 처형 직전 아쌈인들에게 그의 다원 두 곳의 차나무를 잘 보살펴 주기를 부탁했으나 마니람이 세상을 떠난 후 그의 다원은 영국 정부에 몰수되어 경매에 붙혀져 헐값에 매입되었다. 두 곳의 다원 중 시나마라(Cinnamara)다원은 훗날 개발되어 지금까지 보존되고 있으며 다른 한 곳은 2014년 아쌈 나갈랜드 접경지역 언덕에서 발견되었다. 마니람이 조성한 다원의 차나무들은 고사되었고, 그 후손들이 심은 차나무가 오늘에 이르고 있다. 이곳 서프리(Suffry)다원에서는 2014년부터 '데완 푸자(Dewan Puja)'라는 전통의식이 거행되고 있다. 이는 매년 차 시즌이 시작되면 한 그루의 큰 차나무에 닭과 술을 제물로 바쳐 영혼을 위로하는 인도 전통의식이다. 사실 마니람 데완이 인도와 영국의 차 문화 발전에 지대한 공헌을 했음에도 불구하고 영국인들은 이를 인정하지 않았을 뿐만 아니라 로버트 부르스가 최초로 아쌈 차나무를 발견한 것으로 부각시켰다. 또한 그의 동생 찰스 부르스는 영국 정부로부터 개척자로서 그 공로를 인정받아 훈장을 받았다고 전한다.

1831년 아쌈에 근무한 찰튼 대위는 사디야(Sadya)에서 차나무를 수집하여 농업 연구소에 보냈다. 그의 보고서에 의하면 "아쌈 동쪽 최극단 메갈라야에서 차나무가 자라고 있고 수드야(Sudd Yah) 지역에서는 말린 잎을 우려 마시는 음다법이 있었는데 생엽 상태에서는 향과 맛이 없으나 말리면 그 맛과 향이 극대화되어 중국차와 같은 맛을 느낄 수 있다." 고 한다. 오늘날 이곳 사디야(Sadya)에서는 백차 일명 실버팁(Silver Tips)이 생산되고 있다. 1830년대 영국은 중국과의 교역이 불확실해지고, 영국인들의 삶에 차의 중요성이 점점 커지면서 아쌈 지역에서 차 재배의 필요성이 더욱더 절실해졌다. 1834년 영국 총통 벤 팅크(Ben Tinck)경에 의해 최초로 차 위원회가 구성되었고, 아쌈 차 산업의 구체적인 티 마켓팅 사업이 본격화되었다. 이 같은 현실은 1838년 아쌈 차 생산의 성공으로 인도 차 문화의 발전에 큰 획을 그었다. 아쌈에서 재배된 최초의 차나무는 중국종이었으나 발육이 늦어 아쌈 고유의 차나무로 다시 차를 만들었다는 기록이 인도 정부에 보고되었다. 오늘날 아쌈의 고산지대는 다르질링의 기후와 비슷한데 아쌈 최고의 퀄리티 티는 메갈라야와 나갈랜드 접경지역에서 생산되고 있다. 특히 이 지역은 연평균 기온 15℃, 해발 1200~1800m의 고 지대에서 차나무가 생육하고 있으며 '구름 위의 땅'이라 불리우고 있다. 이곳의 차들은 품질을 엄선하여 다르질링에 버금가는 최고의 유기농차를 생산하고 있다. 천혜의 자연조건을 갖추고 있는 이 지역을 인도 사람들은 '인도의 스코틀랜드'라고 칭한다. 뿐만 아니라 인도 최초의 차밭이 조성된 토클라이는 아쌈인들이 존경하는 마니람 데완의 시나마라 티 가든이 있는 곳이기에 그 의미가 매우 크다. 조르하트 지역의 토클라이에는 오늘날 인도 최고의 차 연구소 토클라이 리서치 센터(Toklai Research Center)가 있다. 이 연구소에서는 아쌈 차 발전을 위해 특히 홍수와 가뭄 그리고 각종 질병에 잘 견디어 낼 수 있는 차나무 품종을 다각적으로 연구 개발하고 있다. 그 중 가장 우수한 품종으로 바이 클로널(Bi Clonal)과 클론 TV(Clones TV) 등이 있다. 클론 TV1의 모수(母樹)는 토클라이 19구역의 29번째 지역의 13번 차수이다. 1949년 엄선된 품종의 모수인 클론 TV품종은 1918년 마니람의 티 가든 시나마라에서 차나무와 차씨를 토클라이 차 연구소로 가져와 심고 가꾸어 중국종과 교배하여 우수 품종으로 개발한 후 차 농가에 보급하여 오늘에 이르렀다.

아쌈의 3대 차 생산지는 디부르가(Dibrugah)와 십사가르(Sibsagar), 다랑(Darrang)이다. 차나무는 12.5℃에서 성장이 멈추고, 30℃에서는 광합성이 극대화되어 성장과 잎의 크기에 큰 영향을 미치고 있다. 때문에 다원에 그늘을 조성하기 위해 알베리아 나무를 심어 차나무 성장에 큰 도움을 주고 있다. 또한 휴면기인 겨울철에는 노령화된 차나무를 교체하고 고품질의 수종을 심고 가꾸며 가지치기 등에 중점을 두고 있다.

1970년 이후 아쌈 차의 큰 변화는 오쏘독스 티(Orthodox Tea)에서 1993년 CTC로 완전 전환하여 차 생산량의 83%를 차지하고 있다. CTC의 대량생산으로 아쌈의 많은 차들을 저렴한 가격으로 누구나 쉽게 구입할 수 있게 되어 대중화에 크게 기여하였다. 오늘날 인도 농작물의 약 53%를 차지하고 있는 아쌈의 차는 1,300여개의 차 농원에서 연평균 450,000톤의 차가 생산되고 있다. 그러나 2002년도 아쌈의 차는 인도의 타 지역과 스리랑카의 차보다 훨씬 낮은 가격으로 판매 되는 불확실한 시세의 반복으로 큰 타격을 입게 되었다.

이러한 현실을 극복하고자 오늘날에는 고 품질의 아쌈 1st에 초점을 두고 최고의 오쏘독스 티(Orthodox Tea)를 생산하고자 아쌈인들은 새로운 도약의 기치를 들고 세계 최고의 홍차 산지답게 최고의 차를 만들고자 최선을 다하고 있다.

1) 아쌈(ASSAM) 봄차(First Flush)
Quality Season (3월중순~4월)

- ▣ **향**   부드러운 맥아향 뒤에 느껴지는 다양한 꽃향과 달콤한 꿀향이 함유되어 있다.
- ▣ **맛**   맥아(Molty)맛과 약간 무거운 우디(Woody)한 맛이 뭉근하게 피어오르면서 떫은맛과 조화를 이루고 있다.
- ▣ **탕색**   캐러멜색(흑갈색)
- ▣ **외형**   암갈색과 흑갈색의 외형 속에 신아(新芽)인 골든 팁(Golden Tip)이 풍부하다.

TIP
맥아의 맛과 향이 가득한 봄차는 여름차보다 떫은맛이 적기 때문에 대체로 블렌딩용과 스트레이트 티로 사용된다.

2) 아쌈(ASSAM) 여름차(Second Flush)
Quality Season (5월~6월)

- ▣ 향   맥아향과 꿀향, 그리고 우디(Woody)향 등의 깊고 풍부한 향을 품고 있다.
- ▣ 맛   맥아맛과 감칠맛이 절묘하게 균형을 이루면서 떫은맛이 강하다.
- ▣ 탕색   구릿빛 황갈색
- ▣ 외형   적갈색에 골든 빛의 팁(Tip: 新芽)들이 풍부하다.

TIP

여름 몬순기간에 생산되는 차들은 다양한 향신료를 첨가하여 인도 국민음료인 짜이를 생산하고 있다. 10월에 생산되는 가을차(Autumnal Flush)는 탄닌 성분이 풍부하여 떫은맛이 강하다. 떫은맛이 입안 가득 조여주는 느낌이 강하며 오래 지속되기 때문에 우유를 듬뿍 넣어 밀크 티로 즐기는 것이 좋다.

우유 속 칼슘은 우리의 뇌세포 내에 서장뇌이 스트레스를 완화시켜 주는 윤활유 역할을 한다. 칼슘은 장에서 흡수되는데 대체로 흡수율이 낮다. 평상시 마시는 우유는 30% 정도 흡수되는데 차와 함께 마시게 되면 약 70% 정도를 흡수할 수 있다.

나. 다르질링(DARJEELING)

세계 최고의 차 산지 다르질링 지역은 인도 북동지역의 눈 덮인 히말라야 산맥 고도 2,135m에서 915m의 산기슭 언덕배기에 자리하고 있다. 다르질링의 차들은 밤 낮의 큰 기온차로 인해 발생하는 안개를 머금고 성장하고 있으며, 차 따는 시즌이 되면 다르질링의 여인들은 구름 위에서 찻잎을 채취한다. 이러한 고원에서 생산되는 다르질링 차는 독특한 풍미와 향을 품고 있기에 '홍차의 샴페인'이라 칭하며 세계 3대 홍차 중 하나로 자리매김하고 있다. 1841년 영국인 닥터 아치볼드 캠벨(Dr. Archibald Campbell)은 자신의 집 정원에 차나무를 심고 가꾸었다. 그는 1853년 4월 28일 "순수 중국종과 아쌈종 2천여 그루가 2,000~7,000피트의 고도에서 잘 자라고 있다."는 보고서를 작성하여 영국 정부에 차밭을 조성할 수 있도록 지원 요청을 했다. 사실 처음 다르질링에 중국종을 보급하게 된 이유는 아쌈종이 진짜 차나무로 인정받지 못했기 때문이었다. 캠벨은 정부의 지원을 받아 차 묘목장을 짓고 지속적으로 차나무에 관한 연구를 한 결과 재배에 성공했다. 그는 풋타봉 지역에 최초로 상업적 티 플랜테이션을 설립하였다. 그 후 다르질링 쿠르세옹 지역의 툭바(Tukvar), 슈타인탈(Steinthal), 알루바리(Aloobari)등에 대단위 차밭들이 조성되었다.

몇 년 전까지만 하여도 캠벨이 그의 정원에 심었던 차나무 다섯 그루가 남아 있었는데 안타깝게도 네 그루는 고사되었고 지금은 한 그루만 남아 보존하고 있다. 이후 매년 다원들이 확산되어 1874년에는 다르질링 지역에 113개의 차 농원이 조성되었으며, 오늘날에는 크고 작은 차 농원들을 서로 합병하여 87개의 농원에서 연간 2천 5백만 파운드의 차를 생산하고 있다.

다르질링 지역에서 재배되는 차 품종은 순수 중국종(China pure)과 중국교배종(China hybrid) 그리고 삽목 재배하는 클로널(Clonal)이 있다. 중국종은 아쌈종보다 이 지역의 혹독한 겨울 추위와 기온차가 심한 여름밤을 잘 견뎌내기 때문에 그 맛과 향이 탁월하여 다르질링에서는 중국종이 최고의 차 품종으로 호평받고 있으며 오늘날 약 35종의 새로운 차 품종들이 개발되고 있다. 그 중 대표적인 재배종으로는 다르질링의 높은 고도에서 잘 적응하는 P312(Phoobsering 312) 품종과 성장성이 뛰어나고 내성이 강한

AV2(Ambari Vegetative2) 품종 등이 있다. 다르질링 지역은 계절별 기온의 차가 심하기 때문에 차를 연중 수확할 수 없다. 따라서 11월 말부터 2월 말까지 차나무는 휴면상태이므로 3월부터 차를 수확하여 가을까지 생산하고 있다.

다르질링은 서 다르질링(Darjeeling West), 동 다르질링(Darjeeling East), 티스타(Teesta), 미릭(Mirik), 렁봉(Rung Bong), 북쿠르세웅(Kurseong north), 남쿠르세웅(Kurseong south) 의 7개 지역으로 나뉘어지는데 그 중 우수 티가든은 툭다, 톰숑, 오케이티, 고팔다라. 푸봉, 암부티아, 마가렛츠호프, 굼티, 캐슬턴, 정파나 등이 있다.

다르질링의 우수 티가든 중 최고의 다원은 굼티이다. 그곳에서는 세계적으로 가장 유명한 고품질의 차가 생산되고 있다. 굼티 다원의 퍼스트 플러쉬는 이른 아침에 1인 약 200g밖에 찻잎을 채취할 수 없는 희귀품이기도 하다. 그러기에 굼티의 퍼스트 플러쉬 다르질링은 프랑스 최고의 와인 보졸레누보와 같은 인기로 세계 홍차 마니아들의 입맛을 사로잡고 있다.

다르질링은 현재 43개국을 상대로 차 생산량의 3/4를 수출하고 있다. 다르질링에서 생산되는 차들은 몬순 기간을 제외한 나머지 시즌에는 모두 오쏘독스 티(Orthodox Tea)를 생산하고 있다. 2월 말부터 3월 중순경 신아(新芽)가 갓 피어오르면 찻잎을 채취하여 고품질의 다르질링 DJ1을 수확한다. 다음으로 봄차(First Flush), 여름차(Second Flush), 몬순차(Monsoon Flush), 가을차(Autumnal Flush)등 각 시즌별 고품질의 우수한 차들이 생산되고 있다. 홍차의 샴페인 다르질링은 시즌에 따라 그 맛과 향, 색등에 큰 차이가 있는데 그 중 홍차 마니아들이 가장 선호하는 차는 단연 DJ1과 봄 퍼스트 플러쉬(First Flush)이다. 다르질링의 봄 퍼스트 플러쉬와 여름 세컨 플러쉬는 다르질링의 1년 홍차 생산량의 1/3에 불과하지만 1년 총 수익 중 약 60%의 큰 비중을 차지하고 있다.

1) 다르질링(DARJEELING) 봄차(First Flush)
Quality Season (3월 중순 ~4월)

- ■ 향 상큼한 그린 향 속에 은은하게 피어오르는 꽃향과 우디(Woody)향 등을 머금고 있다.
- ■ 맛 레몬처럼 상큼하고 풋풋한 맛 뒤에 오는 감칠맛과 스파이시(Spicy)한 맛, 그 속에 느껴지는 맥아맛, 그리고 약간의 쓴맛과 함께 입안을 부드럽게 조여 주는 묘미는 환상적이다. 거기에 순간순간 다양한 맛이 일어났다 사라지는 오묘함은 다르질링 봄차 First Flush에서만 느낄 수 있는 최상의 맛이다.
- ■ 탕색 발효온도에 따라 올리브 그린색에서부터 호박색 사이의 다양한 색의 스펙트럼이 펼쳐진다.
- ■ 외형 옅은 연둣빛부터 올리브그린색, 그리고 풍부한 실버팁(Silver Tip)과 골든팁(Golden Tip), 거기에 암갈색까지 다양한 찻잎의 색으로 혼합되어 있다.

2) 다르질링(DARJEELING) 여름차(Second Flush)
Quality Season (5월~6월)

- ■ 향　풍부한 머스커텔(Muscatel) 향 속에 달콤한 꿀향과 오묘한 꽃향기가 피어오른다.
- ■ 맛　우디(Woody)한 맛과 농익은 과일맛과 맥아맛, 그리고 입 안 가득 부드럽게 조이면서 약간의 쓴맛과 신맛까지 함께한다.
- ■ 탕색　맑고 투명한 황갈색의 골든링(Golden Ring)이 선명하다.
- ■ 외형　찻잎은 대부분 카키색과 암갈색 속에 약간의 금빛 찻잎과 실버팁 등이 함유되어 있다.

> **TIP**
> 봄차(First Flush)는 상큼한 맛과 향의 스펙트럼이 다양한데 비해 여름차(Second Flush)는 머스커텔향과 함께 중후한 맛이 풍성하게 펼쳐지며 바디감이 좋다.

3) 다르질링(DARJEELING) 가을차(Autumnal Flush)

Quality Season (9월~10월)

- ▣ 향   진한 꽃향(Floral Bouquet)이 피어오르며, 그 속에 우디(Woody)향을 머금고 있다.
- ▣ 맛   맥아맛 뒤에 약간의 쓴맛과 신맛, 그리고 감귤맛이 매 순간 피어오른다.
- ▣ 탕색 맑고 투명한 홍갈색의 골든링(Golden Ring)이 선명하다.
- ▣ 외형 실버팁(Silver Tip)보다 골든팁(Golden Tip)의 함유량이 많으며 갈색에서부터 흑갈색까지 찻잎은 윤기가 있다.

> **TIP**
> 다르질링 여름차에 비해 가을차는 농익은 꽃향을 품고 있다.

다. 닐기리(NILGIRI)
Quality Season (12월~1월)

- ▣ 향   상큼하고 깔끔한 프레쉬(fresh)한 향과 꽃향이 일렁인다.
- ▣ 맛   상쾌한 맛과 약간의 쓴맛, 그리고 감칠맛이 조화를 이루면서 홍차의 순수한 맛을 보여 준다.
- ▣ 탕색   짙은 오렌지색
- ▣ 외형   암갈색에 약간의 붉은 골든팁(Golden Tip)이 함유되어 있다.

> **TIP**   닐기리는 '블루마운틴'이라는 의미를 지니고 있으며, 해발 1,000~7,000피트에서 생산되고 있다. 지리적으로 스리랑카와 가깝기 때문에 차의 맛이 동 스리랑카 차와 비슷하다. 연중 차가 생산되고 있지만 퀄리티 시즌인 12월에서 1월 사이에 생산되는 차는 특히 품질이 우수하며 약 20% 정도밖에 수확하지 못한다. 그리고 4월과 5월에 약 25%정노, 9월에서 12월까지는 40%가 생산된나.
> 닐기리는 시즌에 따라 맛과 향의 차이가 크기 때문에 퀄리티 시즌의 차는 스트레이트 티로 음용하고 나머지 차는 베리에이션 티(Variation Tea) 또는 블렌딩(Blending)용으로 쓰이고 있다.

라. 도아즈(DOOARS)
Quality Season (3월중순 ~ 4월)

- ▣ 향　맥아향과 머스커텔(Muscatel)향이 순하게 피어난다.
- ▣ 맛　다르질링과 아쌈의 중간맛으로 담백하며, 떫은맛은 약하고 부드럽다.
- ▣ 탕색　선명한 오렌지물색
- ▣ 외형　옅은 카키색에 골든 브라운 색조를 띠고 있다.

> **TIP**
> 아쌈의 정서쪽 다르질링의 정남쪽 히말라야 고원지대 사이에서 생산되며 대체로 CTC 공법으로 차를 생산하고 있다.
> 도아즈는 블렌딩(Blending)용에 적합한 차로서 특히 꽃과 허브가 잘 어울리는 차이다.

마. 씨킴(SIKKIM)
Quality Season (3월말~4월)

- ■ 향   상큼한 레몬향과 머스크향(Musk : 사향)이 매혹적으로 피어오른 다음 스파이시 (Spicy)한 맛 뒤에 꽃향이 찻잔에 가득 피어오른다.
- ■ 맛   맥아맛의 풍미 뒤에 감귤맛과 머스크향이 뭉근히 피어오르면서 꿀맛 같은 느낌으로 오묘하게 변한다.
- ■ 탕색   연한 황갈색
- ■ 외형   흑갈색 찻잎에 녹색을 띤 잎들과 실버팁(Silver Tip: 흰빛 新芽)과 골든팁 (Golden Tip: 황금빛 新芽) 등이 풍부하게 함유되어 있다.

> **TIP**   씨킴은 인도 다르질링 북쪽, 티베트, 네팔, 부탄의 경계지역에 위치하고 있으며, 히말라야 산맥 동사면에 자기한 작은 차 재배지로서 드라마틱한 산봉우리들의 싱그러운 녹색 계곡들이 눈길을 끈다. 씨킴의 유일한 차 농장은 테미(TEMI)이다. 여기에서 생산되는 차는 신세대 다르질링의 맛으로 호평받고 있다. 씨킴 차는 스트레이트 티로 마시면 약간의 머스크향이 오묘하게 피어나며, 밀크 티로 마시면 복숭아 향이 난다.

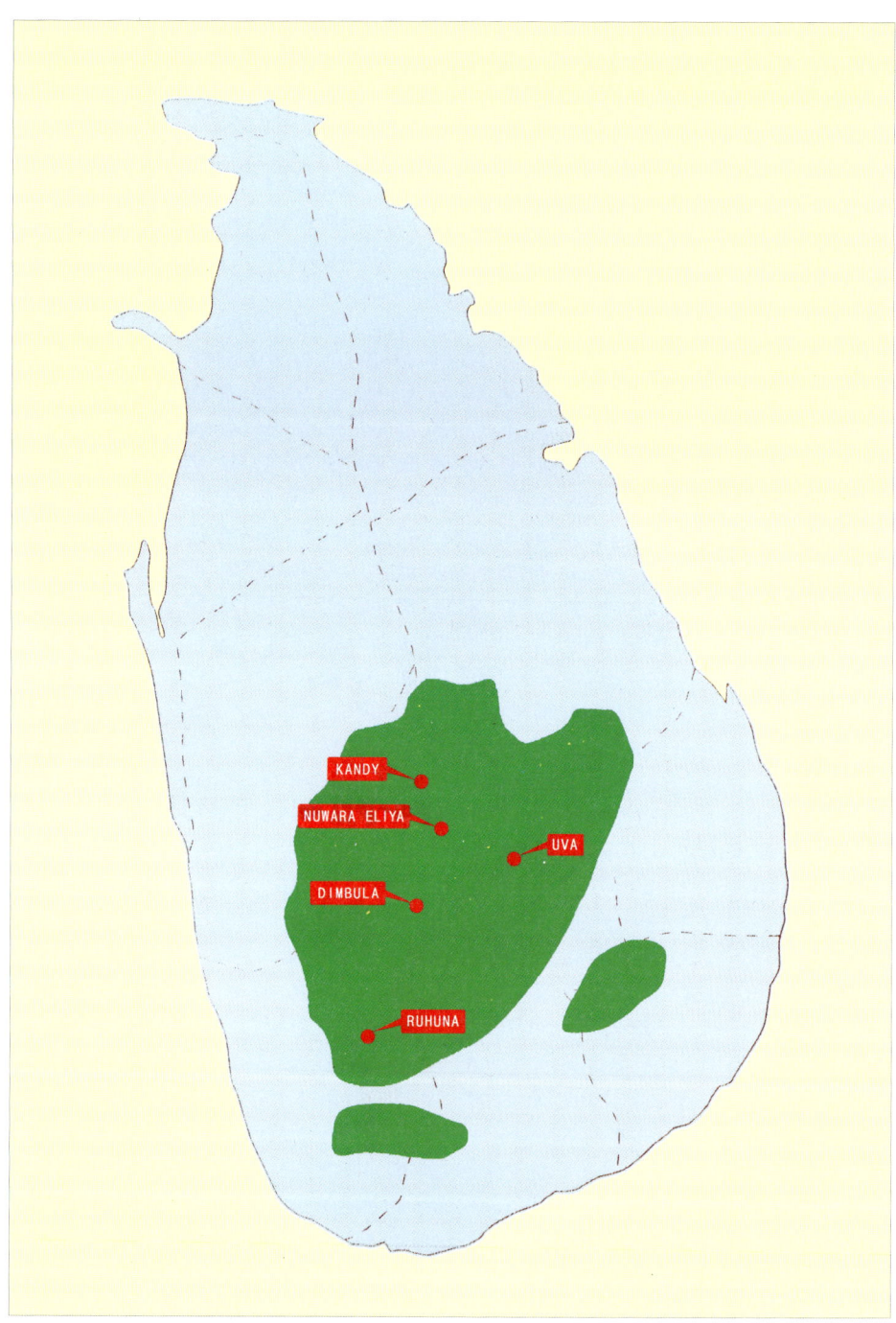

스리랑카 홍차 생산지.

3. 스리랑카 홍차

가. 우바(UVA)
Quality Season (7월 ~ 8월)

- ■ 향   삼림지대를 연상하게 하는 숲향 뒤에 오묘하게 피어오르는 다양한 꽃향이 매혹적이다.
- ■ 맛   풍부한 맥아맛 뒤에 부드럽게 조여주는 바디감과 수렴성이 매우 좋다.
- ■ 탕색   선명한 홍빛을 띠고 있다.
- ■ 외형   찻잎은 대체로 BOP로 생산되며 골드팁이 풍부하다.

> **TIP**
> 세계 3대 홍차 중 하나인 우바는 아름다운 홍빛의 팅색을 지니고 있다.
> 우바는 대체로 스트레이트 티와 밀크 티에 사용하는데 퀄리티 시즌의 차들은 그 맛이 부드럽기 때문에 스트레이트 티로 쓰이며, 떫은맛과 쓴맛이 강한 차들은 밀크 티에 사용된다.

나. 딤블라 (DIMBULA)
Quality Season (2월~3월)

- ■ 향 오묘한 장미향이 절묘하게 피어오른다.
- ■ 맛 건포도와 같은 단맛과 싱큼하고 깔끔한 맛을 느낄 수 있으며, 바디감이 좋다.
- ■ 탕색 밝은 홍빛
- ■ 외형 진한 암갈색에 골든팁이 함유되어 있다.

> **TIP**
> 딤블라는 1870년까지만 하여도 커피 주산지였다. 커피나무의 병충해 때문에 대체작목으로 처음 차를 심었던 곳이 바로 딤블라 지역이다.
> 베스트 시즌이 되면 딤블라 지역은 향기의 계절이라 불리우며 차 수확과 함께 축제가 열린다. 찻잔에 장미향이 그윽히 피어오르는 딤블라티는 바디감이 매혹적이다. 특히 허브와 과일티 등과 잘 어울리는 차이다.

다. 누와라 엘리야 (NUWARA ELIYA)
Quality Season (12월~1월)

- ■ 향   풋풋하고 상큼한 꽃향을 품고 있다.
- ■ 맛   다양한 맛의 스펙트럼을 품고 있는 누와라 엘리야는 은은하게 피어오르는 감칠맛과 레몬 맛처럼 산뜻하고 깔끔한 맛 뒤에 느껴오는 톡 쏘는 듯한 맛을 지니고 있다. 그리고 약간의 신맛과 쓴맛이 입안을 살짝 조여주는 느낌까지 함께 한다.
- ■ 탕색   윤기 있는 캐러멜색
- ■ 외형   암갈색에 브라운 골든팁이 함유되어 있다.

> **TIP**
> 스리랑카 홍차의 샴페인이라 칭하는 누와라 엘리야는 가장 높은 고원에서 생산되고 있으며, 스트레이트 티로 마시거나 블렌딩하기 좋은 차이다.

라. 캔디(KANDY)
Quality Season (5월~6월)

- ■ 향   홍차 본연의 향과 우디향이 풍부하다.
- ■ 맛   맥아맛과 부드러운 밀키한 맛 뒤에 바디감이 좋다.
- ■ 탕색   선명한 홍빛
- ■ 외형   흑갈색에 약간의 골든팁이 함유되어 있다.

> **TIP**
> 캔디지방에서 생산되는 차들은 시즌별로 맛과 향이 큰 차이가 있으며 그 쓰임새가 다르다. 퀄리티 시즌의 차는 스트레이트 티로, 여름에 생산되는 차들은 바디감이 강하기 때문에 밀크티로 사용되고 있으며 그 외의 차들은 블렌딩용 또는 베리에이션 티로 사용되고 있다.

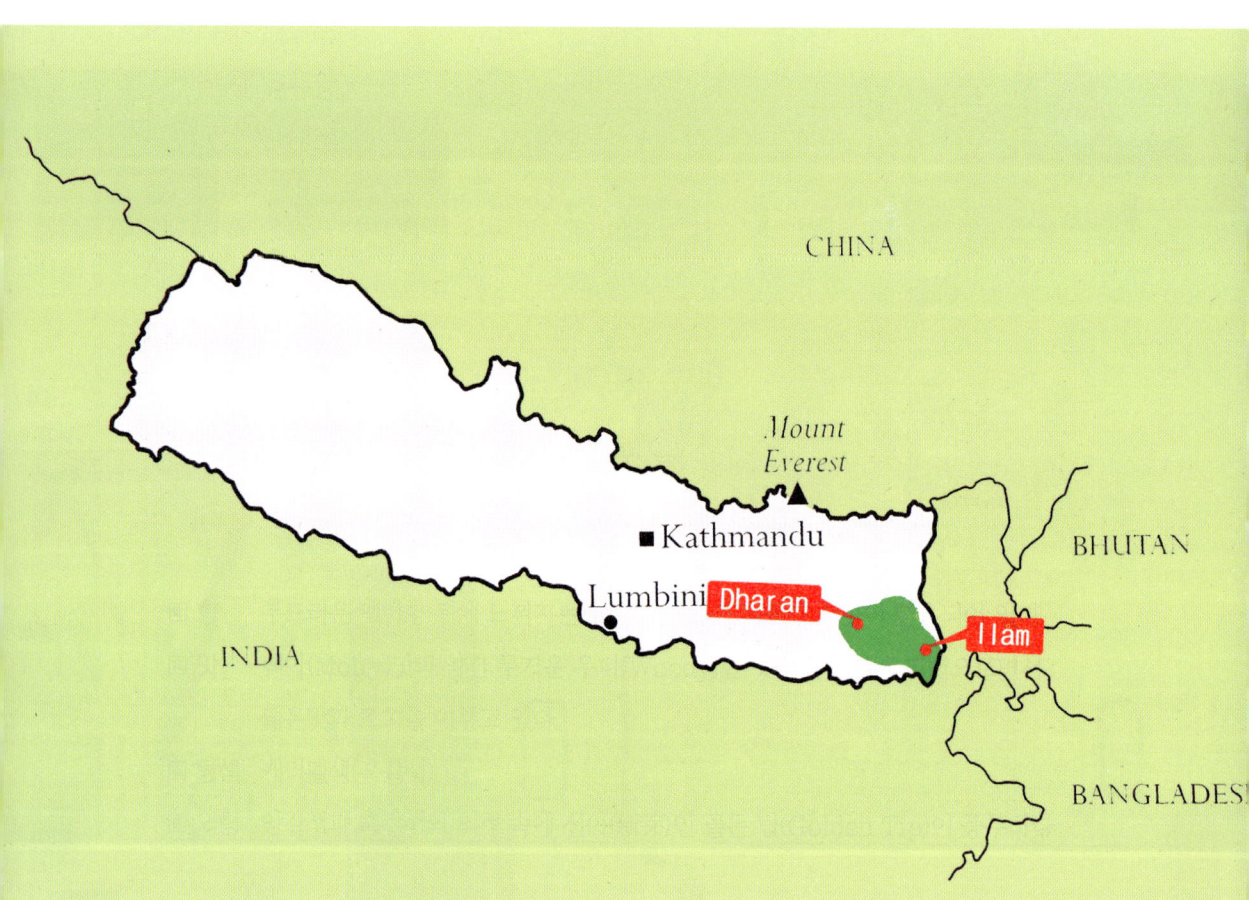

네팔 홍차 생산지.

4. 네팔 홍차
Quality Season (3월 말~4월)

- ▣ **향**   풋풋한 풀꽃향과 머스커텔(Muscatel)향을 품고 있다.
- ▣ **맛**   깔끔하고 부드러우며 약간의 쓴맛을 지니고 있다.
- ▣ **탕색** 맑은 홍갈색에 골든링이 선명하다.
- ▣ **외형** 골든팁과 실버팁이 함께 들어 있으며 암갈색에 약간의 카키색을 띠고 있다.

> **TIP**
> 다르질링을 연상하게 하는 향과 맛을 지니고 있다. 네팔인들은 스트레이트 티에 설탕을 듬뿍 넣어 마시고 있으며, 밀크 티로 음용하기도 한다.

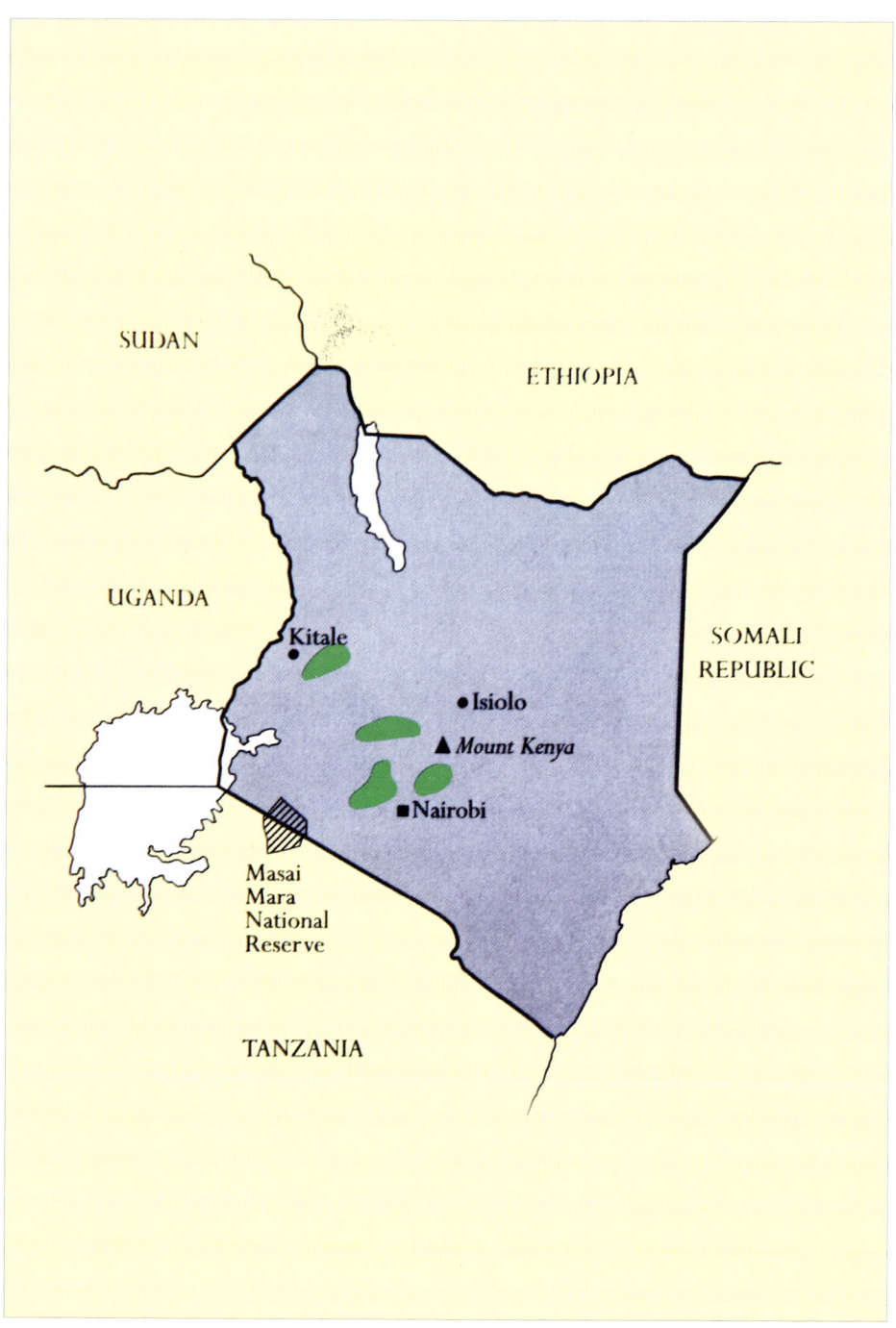

케냐 홍차 생산지.

5. 케냐 홍차
Quality Season (1월~2월)

- ■ 향   다양한 꽃향이 가득하다.
- ■ 맛   상큼하면서 감칠맛이 깊다.
- ■ 탕색   진한 홍빛에 골든링이 선명하다.
- ■ 외형   진한 브라운색 속에 작은 골든팁이 풍부하게 들어 있다.

> **TIP**
> 떫은맛이 거의 없기 때문에 아이스 티에 적합하다.
> 케냐의 홍차는 대체로 CTC 공법에 의해 만들어지고 있다.

제4장

홍차의 제다법과 찻잎의 등급 및 평가 용어

1. 제다법의 종류
2. 전통제다법의 유래
3. 전통제다 과정
4. 찻잎의 등급
5. 평가용어
6. 홍차감별 평가표

1. 제다법의 종류

홍차의 제다 방법에는 전통제다법과 CTC 제다법이 있다. 전통제다법의 순서는 찻잎채취, 위조, 유념, 완전 산화 발효, 건조 등의 순서에 의해 이루어진다. CTC 제다법의 순서는 찻잎을 채취하여 그늘에서 위조한 다음 로터베인에 의해 유념을 하는데, 이때 찻잎을 자르고 으깬 후 둥글게 말아 완전 산화 발효시킨다. 그런 다음 건조하여 등급에 따라 분류한다. 이를 표로 정리하면 다음과 같다.

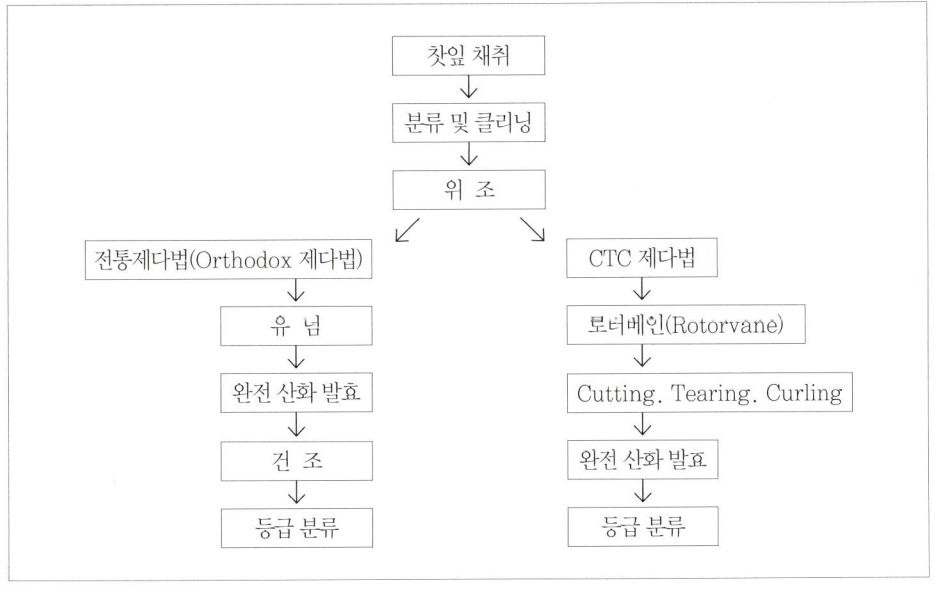

2. 전통제다의 유래

홍차의 제다 방법은 언제 누구에 의해서 만들어졌는지 정확한 연대와 기록은 남아있지 않다. 16세기 말에서 17세기 초 중국 푸젠성 무이산 동목촌 일대에서 소종차가 생산되면서 세상에 첫선을 보이게 되었다.

'소종'은 발효차로서 훗날 정산소종으로 거듭나게 되었다.《파릉현지》에 의하면 소종차는 완전발효차가 아닌 반발효(우롱차)로 만들어졌음을 알 수 있다. 이의 제다 과정을 살펴보면 먼저 어린 찻잎을 채취하여 햇볕에 위조를 한 후 솥에서 살청하고 유념을 한 후 햇볕에 건조시킨다. 이러한 과정에서 찻잎의 색이 홍갈색으로 변하기 때문에 중국인들은 이 같은 현상을 보고 '홍차(紅茶)'라 칭하게 되었다. 햇볕에 잘 건조된 찻잎을 솥에 넣어 다시 건조시키는데, 이때 소나무 가지를 태운 훈연향(Smokey)을 오묘하게 찻잎에 스며들게 하였다. 완성된 찻잎의 외형이 검은빛을 띄고 있기에 서양인들은 이 차를 블랙 티(Black Tea)라 불렀다.

중국의 홍차는 소엽종과 대엽종으로 분류되며 제다 과정 중 건조 과정에서 훈연향을 스며들게 하는데, 지역마다 각기 다른 향미를 오묘하게 자아내고 있다. 또한 푸젠성의 정산소종과 저장성의 구곡홍매, 안후이성의 기문홍차 등은 소엽종 중에서도 가장 가늘고 작은 저엽종으로 만들어진다. 하지만 윈난성에서 생산되는 전홍(滇紅)은 대엽종의 일아(一芽)를 채취하여 만드는데 찻잎의 크기는 약 2cm 정도이며 계절별로 그 맛과 향, 색이 다르다.

영국은 1834년 인도 아쌈 지역에 대단위 차밭을 조성하고자 중국의 기술진과 차나무의 재배 및 제다 방법 등을 수입하여 중국의 제다법을 그대로 답습하였다. 그러나 아쌈 지역은 중국과 다른 기후, 토양, 품종 등으로 인해 많은 시행착오를 거듭한 끝에 1860년 영국은 드디어 완전 발효차인 홍차를 생산하게 되었다.

1871년 에드워드 마네이(E. Money)에 의해 복잡했던 홍차의 공정을 단순화시켜 인도식 홍차 5공정법(찻잎채취, 위조, 유념, 발효, 건조)을 개발하였다. 이 같은 제다 과정은 수제공정에서 오늘날 기계화로 거듭나게 되었다.

홍차는 나라별로 기후, 토양, 품종 등에 의해 맛과 향 등의 큰 차이는 있지만 제다의 기본 5단계는 모두 공통적이다.

3. 전통제다 과정

 전통제다(Orthodox)의 기본 5단계는 찻잎 채취, 위조, 유념, 산화 발효, 건조 과정이다. 오늘날 이 같은 전통제다법을 그대로 고수하고 있는 나라는 중국, 대만, 인도, 스리랑카, 인도네시아, 네팔 등이다.

가. 찻잎 채취

 찻잎 채취 시기는 나라별로 각기 다르다. 인도 다르질링 봄차는 3월 말에서 4월 사이 갓 피어오른 찻잎을 채취하는 데 비해 스리랑카의 우바는 7월에서 8월 사이에, 중국의 기

문홍차는 4월에서 5월 사이에 채취한다. 반면, 우리나라 봄차는 4월 중순에서 5월 사이에 여름차는 6월에서 8월 사이에 찻잎을 채취하여야 한다.

만약 우리나라에서 홍차를 생산하고자 한다면 베니호마레, 하쯔모미지, 베나히키리 등의 품종을 택하는 것이 좋다. 우리나라에서 생산된 차는 아미노산의 함량이 풍부하여 그 맛과 향이 남다르다.

다음은 찻잎의 크기이다. 수제 홍차를 만들 때 찻잎의 크기는 최대한 어린 찻잎인 1창 1기를 채취하는 것이 좋다. 그 이유는 발효 과정에서 잎의 크기가 일정하지 않으면 발효 정도의 차이가 있어 홍차의 풍미를 살려낼 수 없기 때문이다. 따라서 신선하고 균정한 찻잎을 채취하여야 한다.

나. 위조

위조는 찻잎을 시들게 하여 수분을 증발시킴으로써 잎을 부드러워지게 하는 과정이다. 찻잎은 처음 채취했을 때는 약 80% 정도의 수분을 함유하고 있다. 위조 과정을 거치는 이유는 찻잎에 수분이 많으면 유념을 할 수 없기 때문이다. 따라서 수분의 30~40%가 감소될 때까지 위조를 해야 한다. 그리고 위조 과정에서 찻잎의 수분이 천천히 증발하도록 습도 조절에 유의해야 한다.

습도 조절을 위해서 찻잎을 두툼하게 쌓아두는데 이 또한 나라별로 큰 차이가 있다. 중국은 찻잎을 쌓아 둔 높이가 약 6~8cm 정도, 인도는 20cm 정도, 스리랑카는 35cm 정도에서 위조를 한다. 위조 시간 또한 나라별 기온차에 의해 약간의 차이가 있다. 대체로 인도 다르질링 차은 12~18시간, 아쌈 차는 15시간, 스리랑카 차는 12~14시간 정도 위조시간이 소요된다. 하지만 이들 나라에서는 열풍위조를 하여 시간을 단축시키기도 한다. 열풍온도는 70℃ 정도, 습도는 80~85% 정도를 유지하면서 위조하는데 약 1시간 정도 소요된다. 위조의 장소는 실내의 서늘한 곳을 택하는 것이 좋으며 온도는 약 18~29℃ 이상이 되지 않도록 주의해야 한다. 위조 시 온도가 높으면 찻잎의 색이 다갈색으로 변하고 떫은맛이 강해져 차의 품질이 떨어진다.

우리나라에서 홍차를 위조시킬 때에는 찻잎을 약 20cm 두께로 쌓아 수분이 빨리 증발하지 않도록 습도 조절에 특히 유의해야 한다. 위조 시간은 봄철에는 약 20시간, 여름철에는 15~18시간 정도 소요하는 것이 좋다. 이때 찻잎은 시시각각 다양한 향을 품어낸다.

다. 유념(揉捻)

유념이란 찻잎을 비비는 과정이다. 유념을 통해서 찻잎의 표피와 세포조직이 파쇄된다. 찻잎은 공기 중 산소와 결합하면서 산화 발효가 촉진된다. 이때 카테킨의 산화분해가 시작되면서 홍차의 탕색과 향미가 여기에서 결정된다. 때문에 유념의 과정은 매우 중요하다. 그러므로 유념이 불균정하게 진행되지 않도록 특히 유의해야 하며 강한 유념은 피해야 한다.

수제차를 만들 때에는 찻잎을 둥글게 뭉쳐 원을 그리면서 부드럽게 유념하여야 한다. 이때 소요시간은 약 30분 정도 진행한다.

오늘날에는 차를 대량 생산하기 위해서 유념기를 사용하는데 총 40분 정도의 시간이 소요된다. 이때 15~20분 정도의 1차 유념을 한 후, 로터베인에 옮겨 다시 20분간 2차 유념을 한다. 찻잎의 조건에 따라 2회~4회 정도 할 수 있으며, 봄차 유념의 총 시간은 대략 40분 정도 여름차와 가을차는 기후에 따라 40~60분 정도 걸리기도 한다. 이때 찻잎의 등급이 결정된다. 같은

찻잎이라도 유념 후 찻잎의 파쇄 정도에 따라 그 등급이 달라진다. 같은 등급으로 선별된 찻잎은 다음 단계인 산화 발효의 과정을 거치게 된다.

라. 산화발효(酸化醱酵)

발효 과정에서 홍차의 색과 향, 그리고 맛 등이 결정되므로 찻잎을 적절히 발효시켜야 한다. 발효시키는 과정은 나라별로 약간의 차이가 있다. 중국은 넓은 대바구니에 찻잎을 5cm 두께로 담아 선반에 올려 발효시킨다. 반면, 인도에서는 세라믹 타일 바닥 위에 5~6cm 정도의 두께로 찻잎을 쌓아 발효시키는데 다르질링 봄차는 60분~90분정도, 여름차는 130분~180분 정도, 가을차

는 150분~180분 정도가, 아쌈 차는 약 2시간 정도가 소요된다. 보편적으로 실내 온도는 22℃±5℃, 습도는 80~85%를 유지하면서 발효시킨다. 그러나 스리랑카 차는 인도 차와 달리 약 12시간 발효시킨다.

우리나라의 기후 조건은 습도 조절이 매우 어려우므로 수제 홍차를 만들 때는 표면이 마르지 않도록 습도 조절에 특히 유의해야 한다. 온도가 너무 높으면 찻잎은 검은 빛으로 변하고 탄 듯한 맛이 나서 품질이 떨어지므로 적정한 온도를 유지해야 한다.

홍차의 생명은 향이다. 발효 과정 속에서 다양한 향기 성분이 형성되는데 알콜류가 전체의 80% 정도로 가장 많이 차지하고 있다. 이 같은 향기 성분은 발효 과정에서 달콤한 과일향, 꽃향, 상큼한 레몬향 등의 오묘한 향이 피어오르면서 동시에 찻잎에 향이 배어들어 향미가 풍성해진다. 뿐만 아니라 유리아미노산은 발효과정에서 단맛으로 구성된 맥아맛이 형성되는데 발효온도가 높아짐에 따라 맥아맛은 진한 꿀맛으로 변화되며, 더 나아가

농익은 과일맛 등이 형성된다. 그리고 상큼한 맛과 약간의 쓴맛, 떫은맛 등은 카페인과 카테친에 의해서 만들어진다.

홍차의 색소 또한 발효 과정에서 카테킨류의 산화효소인 폴리페놀 옥시다아제(Polyphenol Oxidase)의 작용으로 인해 오렌지빛 밝은 황갈색을 띤 데아플라빈(Theaflavin)은 분홍빛(Luminous Red)을 띤 홍갈색 데아루비긴(Thearubigin)으로 변화된다.

마. 건조(乾燥)

건조는 찻잎의 산화 발효를 완전히 정지시키는 과정이다. 건조 과정에서 찻잎의 수분함량은 3~4%에 이르게 해야 한다. 찻잎의 건조 방법 또한 나라별로 큰 차이가 있다. 중국

은 홍건(烘乾)을 하고, 인도와 스리랑카는 열풍 건조를 한다. 건조는 짧은 시간에 빨리 이루어져야 한다. 따라서 수제 홍차라 할지라도 건조 방법은 기계에 의존하는 것이 좋다. 건조기의 온도는 약 100℃를 유지하여 30분 정도 건조시키는데, 이 또한 나라와 지역에 따라 약간의 차이가 있다.

4. 찻잎의 등급

홍차의 잎에는 FOP, OP, P, PS, S, FBOP, BOP, BOPF, D 등의 등급이 있다. 홍차에 있어서 등급은 차 품질이 좋고 나쁨을 평가하는 것이 아니라, 찻잎의 부위와 크기를 분류하여 알기 쉽게 표시해 놓은 기호이다.

찻잎의 등급을 분류하는 것은 찻잎의 크기에 따라 차 우려내는 시간이 각각 다르기 때문이다. 예를 들면 큰 잎으로 구성되어 있는 OP(Orange Pekoe)는 3분을 우린다면 D(Dust)처럼 찻잎이 분쇄되어 있는 차는 1분 정도에 우려야 제 맛을 낼 수 있다.

그리고 찻잎의 크기가 균일하지 않고 크고 작은 잎들이 혼합되어 있다면 차 본연의 맛을 느낄 수 없다. 또한 같은 산지의 홍차라 할지라도 잎의 등급이 다르면 그 맛과 향 또한 크게 차이가 난다. 이와 같이 홍차의 등급은 찻잎의 부위별 명칭을 말하는데 그 부위별 명칭은 다음 그림과 같다.

1. FOP(Flowery Orange Pekoe)
2. OP(Orange Pekoe)
3. P(Pekoe)
4. PS(Pekoe Souchong)
5. S(Souchong)

찻잎의 등급은 다음 표와 같이 분류한다.

제다법	Orthodox 제다법			CTC 제다법		
분류	Whole Leaf	Broken	Dust	Broken	Fannings	Dust
등급	* FOP			* BOP	* OF	
	* OP	* FBOP		* BP	* BOPF	* D
	* P	* BOP	* D	* PEK	* PF	* PD
	* PS	* BOPF		* BPS	* BPF	* RD
	* S			* FP	* BMF	

찻잎의 등급은 다음 표와 같이 분류한다.

가. Whole Leaf

1) FOP(Flowery Orange Pekoe)

갓 피어 오른 어린 싹의 잎 부위를 가리키는 것으로 이를 '팁(Tip: 新芽)'이라 칭한다.

FOP는 찻잎의 사이즈를 나타내는 것이 아니라, OP의 최상등급으로서 OP보다 팁의 함량이 많으며 대체로 최고급의 차를 만드는 데 쓰인다.

이러한 FOP등급은 다음과 같이 세분화시켜 표시된다.

① SFTGFOP(Special Finest Tippy Golden Flowery Orange Pekoe)
② FTGFOP1(Finest Tippy Golden Flowery Orange Pekoe One)
③ TGFOP(Tippy Golden Flowery Orange Pekoe)
④ GFOP(Golden Flowery Orange Pekoe)
⑤ FOP(Flowery Orange Pekoe)

2) OP(Orange Pekoe)

FOP 다음의 어린 잎을 말하며, 잎의 길이는 7~12mm 정도이고 대체로 가늘고 길게 꼬여 있다. FOP보다 팁의 함량은 적지만 우수한 차로 평가받고 있다.

3) P(Pekoe)

　백호(白毫)는 찻잎의 어린 순에 나와 있는 융모인 흰 털을 의미한다. OP 다음의 찻잎으로 구성되어 있으며 OP보다 찻잎은 조금 굵다. 찻잎의 외형은 꼬여 있으며 팁의 함량은 OP보다 부족하다.

4) PS(Pekoe Souchong)

　Pekoe 다음의 찻잎으로 Pekoe보다 잎의 길이가 짧고 도톰하며 꼬여 있는 것이 특징이다.

5) S(Souchong)

　PS 다음의 찻잎을 말한다. 찻잎은 둥글고 도톰하게 꼬여 있으며 중국차에서 많이 사용되는 등급이다.

나. Broken

1) FBOP(Flowery Broken Orange Pekoe)

　갓 피어오른 어린 차싹을 채취하여 만든 차로서 팁이 풍부하며 BOP 중 최고품을 칭하는 말이다. FBOP는 Whole Leaf Tea의 FOP와 같은 등급의 차이다.

2) BOP(Broken Orange Pekoe)

　BOP의 찻잎은 1창 1기를 채취하여 만드는데 유념하는 방법에 따라 FBOP, BOP, BOPF로 분류된다. BOP는 OP잎을 2~3mm 정도 짧게 자른 것을 말하는데 일반적으로 Broken이라 칭한다. 이 같은 차는 OP와 같은 등급으로서 우수한 차로 평가받고 있으며 대체로 스리랑카 차에서 많이 볼 수 있다.

3) BOPF(Broken Orange Pekoe Fannings)

　BOP보다 찻잎을 더 잘게 파쇄(1~2mm 정도)하여 만든 차로서 일반적으로 Fanning 이라 말한다. 이 차의 특징은 붉고 진하게 추출된 탕색이 홍빛 그 자체이다.

다. Dust

1) D(Dust)

차의 유념 과정에서 아주 미세하게 분쇄된 잎들로 구성되어 있다.

따라서 차의 추출물이 매우 빠르게 우러나오며 탕색은 매우 진하고 차의 풍미는 뚜렷하다. 이러한 차는 대체로 티백(Tea Bag)용으로 사용되고 있다.

2) CTC 제다법

Crush, Tear, Curl의 약자인 CTC는 1930년 인도 아쌈 지역에서 맥커처(W. Mckertcher)에 의해 개발되어 오늘날 광범위하게 사용되고 있다.

CTC는 차를 만드는 과정에서 찻잎을 부수고 으깬 다음 절단하여 이를 1~2mm 정도 크기의 둥근 모형을 만드는 특수한 제다 방법이다. CTC 제법은 짧은 시간에 많은 양의 차를 생산할 수 있다. 따라서 인도 아쌈 차를 비롯 많은 나라들이 이 같은 제법으로 차를 생산하고 있다. CTC에 의한 제다 공정은 크게 Broken과 Fannings, Dust로 구분하며 그 등급을 다음과 같이 분류한다.

차의 구분	등급	차의 외형
Broken	1. BOP(Broken Orange Pekoe) 2. BP(Broken Pekoe) 3. PEK (Pekoe) 4. BPS(Broken Pekoe Souchong) 5. FP(Flowery Pekoe)	* BOP(약 2~3mm 정도)
Fannings	1. OF(Orange Fannings) 2. BOPF(Broken Orange Pekoe Fannings) 3. PF(Pekoe Fannings) 4. BPF(Broken Pekoe Fannings) 5. BMF(Broken Mixed Fannings)	* PF(약 1~2mm정도)
Dust	1. D(Dust) 2. PD(Pekoe Dust) 3. RD(Red Dust)	* PD(미세한 가루형태)

5. 홍차의 감별 용어
(Black Tea Tasters' Jargon)

가. Dry Leaf(완성된 마른 잎)

Attractive: 제조 과정에서 정성껏 잘 만들어진 차로서 잎의 크기, 색깔이 균일

Black: 녹차아 달리 발효된 차, 또한 색깔 표시

Blister: 건조 과정에서 수분을 너무 급속히 제거함으로써 생기는 기포

Bloom: 윤기 또는 광택이 좋은 것

Bold: 등급에 비해 너무 큰 잎 조각들

Broken: 유념 또는 커터기에 의해 잘라진 찻잎

Case-Hardening: 주로 전통 제다 차에 적용되는데 외피가 완전히 건조되어서 내부의 수분증발을 막는 '표면 피막 경화' 현상

Chesty: 차 운반상자 내부의 조잡한 패널이 원인이 된 냄새 및 맛

Cheesy: 패널의 조악한 아교에 의해 발생되는 이질적인 냄새 또는 오염된 것

Choppy: 유념기에서 잘라진 것이 아니라 커터기에 의해 잘라진 것

Chunky: 커다랗게 브로큰된 잎들

Clean: 균등하게 분류된 등급

Crepy: 외형상 쭈글쭈글한 것

Curly: Wiry에 상대적인 말

Cut: 커터에 의해 잘라진 것

Common: 납작 평평한 것

Discoloured Leaf: 변색된 잎

Dull: 윤기, 광택이 부족한 것

Dusty: 작은 부스러기들을 함유한 잎차

Even: 동등한 사이즈의 작은 조각들이 고르고 균등하게 구성된 것

Fibrous: 파이버의 비중이 과도한 것

Flaky: 납작하게 펼쳐져 조잡하게 만들어진 차

Flat: 찻잎이 말아지지 않고 펼쳐진 상태

Golden Tip: 팁의 색깔을 표시

Grainy: 잘 만들어진 단단한 잎

Grapenutty: 제조 과정에서 둥글게 말린 잎

Grey: 잎의 색깔

Gritty: 만지면 거칠거칠하게 느껴지는 잎

Hairy: 찻잎이 가늘게 말아진 상태

Irregular: 균등하지 않는 통 잎의 등급

Keep: 특성을 살려 잘 만든 차

Knobbly: 수종 등급 중 둥글고 울퉁불퉁한 마디가 있는 것

Large: 시장 요구에 비해 큰 것

Leafy: 평균치 이상의 잎들을 포함한 차

Make: 제조공정을 잘 거친 품격 있는 차

Milled: 커터기나 분쇄기를 통과한 것

Mixed: 과도하게 불규칙한 형태

Neat: 외관상 균등하고 제조 과정이 좋아 보이는 차

Open: Twisted나 Rolled의 상대적인 말(잘 말아져 있지 않은 것)

Pale Tip: 색깔이 옅은 팁

Powdery: 미세한 더스트(가루)나 응집력이 있는 작은 부스러기들

Pulverised: 분쇄되거나 빻아진 섬유질을 포함한 더스트

Ragged: 거칠고 균등하지 못한 것

Rough: 불규칙하고 잘 만들어지지 못한 것

Sandy: 모래가 포함된 것

Shelly: 조개껍질 같은 외관

Shotty: 잘 만들어진 수종차

Silvery Tip: 찻잎에 흰색의 팁(새순)이 함유되어 있는 것

Small: 보통보다 더 작은 크기

Spongy: 찻잎이 납작하고 얇아서 부서지기 쉬운 것

Stalky: 줄기가 과도하게 들어간 것

Stylish: 외관상 훌륭한 것

Tippy: 찻잎에 새순이 많이 있는 것

Twist: 유념하는 동안 이루어짐

Uneven: 불균등한 잎들이 포함된 것

Useful: 블렌딩이 잘 된 양질의 차

Well-Made: 색상, 크기, 짜임새 등이 일정함

Well-Twisted: 잘 말려있는 찻잎의 상태

Whiskery: 아주 가늘게 말아진 찻잎

Wild: 외관상 붉은색을 띤 시즌 끝물차

Wiry: 찻잎이 아주 얇게 잘 말린 통잎

나. Infused Leaf(우려진 찻잎)

Aroma: 고지대에서 자란 차의 향 내음

Black Currant: 블랙커런트향, 몇몇 다르질링에서 찾을 수 있다.

Bright: 찻잎은 생동감이 있고 윤기가 있으며 색이 선명하다 / Dull의 상대적인 말

Coppery: 좋은 차를 나타냄

Dark: dull

Dull: Bright에 상대적인 것

Even: 색깔이 일정함

Green: 일반적으로 바람직하지 않다

Irregular: mixed

Mixed: 한 가지 색상 이상 섞임

Uneven: Mixed와 비슷한 것

다. Liquors(탕)

Baggy: 차를 포장하는 포대(천재질) 자체에서 배인 이질적인 향과 맛
Bakey: 건조과정에서 고온에 노출된 것 (탄 듯한 냄새)
Biscuity: 감칠맛이 좋은 상태
Body: 탕 색이 선명하고 꽉 찬 듯한 강한 맛과 향을 유지한 차
Bouquet: 최상의 맛
Brassy: 위조과정이 부족하여 금속성의 맛을 지닌 것
Bright: 차 맛이 시원하고 활기가 있는 것
Brisk: 수렴성이 높은 것
Burn: 완전히 건조된 것
Burnt: 고온의 영향을 받아 탄 맛이 남

Character: 바람직한 품질(원산지를 알 수 있다.)
Clean: 특색은 별로 없으나 색과 맛은 나쁘지 않다.
Coarse: 조잡한 맛
Coldweather: 몬순 이후 생산된 차들
Coloury: 깊은 탕색
Contamination: 이질적인 맛

Dry: 다소 고온에서 건조되어 탄 맛이 남
Dull: Bright의 상대적인 말로 수렴성이 떨어지면서 탕색이 맑지 않고 활기도 없다.
Earthy: 습한 환경에서 보관 잘못으로 인한 냄새와 맛
Empty: 묵직한 맛이 결여되고 다양한 맛을 지니지 못함

Fine: 우수한 품질의 차

Flat: 수렴성이 부족하고 활기가 없이 밋밋한 맛을 지닌 차
Flavoury: 향이 가미된 차
Fruity: 바람직하지 못한 농익은 과일맛
Full: 탕색이 좋고 강한 맛을 지닌 차
Fully Fried: 다소 과하게 건조됨

Geranium: 몇몇 다르질링에서 발견되는 제라늄향
Gone Off: 가장 맛있는 시기를 지나 버린 오래된 차 또는 보관 잘못으로
 질이 떨어진 차
Grassy: 물리적, 화학적 위조없이 만들어진 차
Greenish: 이른 첫물 차

Harshness: 떫은맛이 강하고 미숙한 맛
Heavy: 탕색은 좋으나 수렴성이 부족함
High-Fired: 고온에서 노출되어 약간 구수한 맛
Hungry: 컵 캐릭터가 전반적으로 떨어지는 것
Lacking: 특별하지 않으나 깔끔한 맛
Light: 색의 농도 부족

Malty: 매력적인 특성을 지닌 맥아향
Mellow: 잘 숙성된 것 / Raw에 상대적인 것
Metallic: 쓴 금속성의 맛을 지닌 차
Minty: 허브민트가 첨가된 차
Mouldy: 습기를 머금은 오래된 차
Mushy: 수렴성이 부족하고 밋밋하여 활기가 없는 차
Musty: 곰팡이 냄새가 나는 차

Muscatel: 포도밭을 연상케 하는 향, 다르질링 차에서 느낄 수 있다

New: 숙성시간이 부족한 것
Nose: 아로마향
Peachy: 복숭아향을 지닌 차
Pinky: Coloury에 견주어 더욱 활기차고 맑은 연분홍빛이 감도는 탕색
Point: 상큼하고 활기차며 신맛이 어우러진 절묘한 맛을 지닌 차
Pointy: 아주 좋은 포인트를 갖춘 것, 추천할 만한 장점을 갖춘 차
Pungent: 수렴성이 좋으며 맛과 향이 깊고 강하며 활력이 있다.

Quality: 좋은 차가 지녀야 할 본질적인 특성을 갖춘 것
Rains / Rainy: 몬순 기간에 생산되는 북인도차
Raw: 발효 과정이 부족하여 미성숙된 차
Rich: 품질과 바디감이 풍부한 맛과 탕색
Round: 좋은 탕색과 부드러운 맛

Scorched: 고열에 탄 냄새
Self-Drinking: 블렌딩이 필요치 않고 그대로 마셔도 좋은 것
Slatey: 푸른빛이 도는 회색(회청색)
Smokey: 훈연향, 정산소종과 기문에서 느낄 수 있다.
Soggy: 탕색이 탁하며 활기가 없다.
Spicy: 여러 가지 향신료를 가미한 것
Stale: 상한 것
Stewed / Stewy: 건조 과정이 너무 짧거나 길어서 맛이 씁쓸한 상태
Strength / Strong: 탕색이 활기 있다.
Sweaty: 불쾌한 맛

Taint: 이질적 특성

Thick: 바디감이 좋은 상태

Thin: 바디감이 떨어지는 것

Tinny: 깡통 냄새

Tired: 시간이 경과되어 활기가 없고 수렴성도 떨어진 상태

Toasty: 과도한 건조로 인해 누렇게 변하여 빵 냄새가 남

Unsound: 변질된 상태

Weathery: 우기에 만든 차에 나타나는 불쾌한 맛

Weedy: 양배추 같은 맛과 향

Wild: 최적의 시즌을 지나서 만든 가을차

Winey: 무균상태에서 과 발효된 것, 주로 기문홍차에서 쓰는 용어

Woody: 톱밥 같은 특성(나무향)

출처 : Calcutta Tea Traders Association 「CTTA TEA DIGEST」2008, p49~57

6. 홍차 감별 평가표 (예시)

		마른 잎의 상태(Dry Leaf) / 20%		탕색(Liquors) / 20%		향기(Nose) / 25%		맛(Taste) / 25%		젖은 잎의 상태 (Infused Leaf) / 10%	계
품명		잎의 크기 균정	잎의 색깔 선명도	탕색의 맑고 깨끗한 정도	끝등이 선명한 정도	품부한 향 지속성 1. 마른 찻잎에서 피어오르는 향 2. 탕에서 피어오르는 향 3. 잎에서 피어오르는 향		상큼한 맛, 쓴맛, 감칠맛, 신맛, 떫은맛, 베이맛 등 풍부한 맛의 정도		잎의 크기균정, 윤기, 잎의 색 선명도	100%
		상 중 하	상 중 하	상 중 하	상 중 하	상 중 하		상 중 하		상 중 하	
	상										
	중										
	하										

* 범위

품명	상	중	하	비고
10%	10~8	7~5	4~2	
20%	20~18	17~15	14~12	
25%	25~23	22~20	19~17	

제5장

홍차의 도구

1. 탕관
2. 티팟
3. 찻잔
4. 차통
5. 티코지
6. 티메져
7. 모래시계
8. 블렌딩기
9. 스트레이너
10. 케익스탠드
11. 각종 티 웨어

1. 탕관(Kettle)

탕관은 차를 우리기 위해서 물을 끓이는 도구이다.

2. 티팟(Tea Pot)

홍차를 우릴 수 있는 도구
350cc 이상의 차를 우릴 수 있는 티팟을 준비한다.

3. 찻잔(Tea Cup)

찻잔은 차를 100cc에서 130cc 정도 따를 수 있는 찻잔을 선택하는 것이 좋다.

4. 차통(Tea Caddy)

차를 보관하는 통으로 습기와 자외선을 차단할 수 있는 도자기 또는 캔 통을 택하는 것이 좋다.

5. 티코저(Tea Cozy)

홍차는 핫티를 즐기기 때문에 티팟의 열 방출을 막기 위해서 사용하는 도구이다.

6. 티 메져(Tea measure)

홍차의 계량스푼으로는 3g, 5g을 측정할 수 있는 두 종류의 스푼이 있다.

7. 모래시계(Tea timer)

모래시계는 차 우리는 시간을 정확히 측정하기 위해서 사용되는 도구이다.

8. 블렌딩기(Blender)

차를 혼합하는 도구

9. 스트레이너(Strainer)

우린 찻잎을 걸러내는 도구이다.

10. 케이크 스탠드(Cake Stand)

티 푸드를 놓는 도구로 하단에는 물기 있는 음식을, 상단에는 빵 또는 과자류를 놓는다.

11. 각종 티 웨어

① 레몬 접시　② 설탕 그릇　③ 집게　④ 젖은 티백 놓는 접시　⑤ 홍차 불림기　⑥ 차통

제5장 홍차의 도구 _ 113

제6장

다양한 홍차 즐기기

1. 홍차를 즐기는 기본 상식
2. 스트레이트 티(Straight Tea)
3. 베리에이션 티(Variation Tea)

1. 홍차를 즐기는 기본 상식
(Golden Rules)

홍차를 즐기기 위해서는 먼저 자신이 무슨 차를 우릴 것인가를 생각하여 차를 선택하여야 한다. 예를 들면 스트레이트 티에는 다르질링, 밀크 티에는 아쌈이 적합하다.

차의 선택에 따라 다기 준비 또한 달라진다. 만약 아이스 티를 준비한다면 긴 유리잔이 적합할 것이며, 스트레이트 티에는 본차이나가 잘 어울리는 티웨어일 것이다.

특히 맛있는 차를 우리기 위해서는 물의 선택이 매우 중요하다. 오염되지 않은 신선한 물을 준비하여 티 포트에 끓인다. 이때 100℃가 될 때까지 충분히 끓여야 한다. 그리고 차를 우릴 때에는 모래시계를 이용하여 시간을 정확히 측정해야 한다. 특히 스트레이트 티는 핫티이기 때문에 뜨거울 때 마셔야 그 맛을 제대로 느낄 수 있다.

이때 찻잔에 차를 따르고 남은 차는 티팟에 보관하는데 보온을 유지하기 위해서 티코지(보온모)를 덮어 차의 온도를 최대한 유지시켜야 한다. 이와 같이 홍차를 즐기기 위해서는 Golden Rules을 지키는 것이 매우 중요하다.

이러한 홍차는 풍성한 티 푸드(케이크, 스콘, 샌드위치, 과일 등)와 함께 즐기는 것이 그 풍미를 더할 수 있다. 여기에 계절감이 있는 아름다운 테이블 세팅으로 홍차의 유혹에 빠져보자.

2. 스트레이트 티 (Straight Tea)

스트레이트 티 우리는 순서

* 재료 (1인 기준): 홍차(다르질링, 우바 중 택1) 3g, 100℃로 끓인 물 200cc

* 우리는 방법
1. 찻물은 동전 크기의 큰 기포가 생길 정도로 끓여 순숙(100℃)이 되도록 한다.
2. 티팟에 ①의 뜨거운 물을 붓고 예열한다.
3. 예열된 티팟의 물을 버리고 차를 넣는다.
4. ③에 100℃로 끓은 물 200cc를 부어 홍차가 충분히 점핑할 수 있도록 한다.
5. 3분 모래시계를 이용하여 시간을 정확히 측정한다. 그리고 그 사이 티팟과 찻잔을 예열한다.
6. 예열된 티팟과 찻잔의 물을 버린다.
7. 티팟에 스트레이너를 올려놓고 차를 빠른 속도로 따른 후 마지막에 베스트 드립(Best drips)을 한다.
8. ⑦의 차를 찻잔에 따른다.
9. 티팟에 남아있는 차는 티코지로 보온시킨다.

가. 등급별 차 우리는 방법

차 등급	차의 분량(g)	물의 분량(cc)	차 우리는 시간	비 고
Whole Leaf	3g	200cc	2분 30초~3분	
Broken	3g	200cc	1분 30초~2분	
CTC & Dust	3g	200cc	1분~1분30초	

나. 점핑(Jumping)

    티팟 속에서 차가 춤을 추듯 뛰어오르는 모습을 점핑이라고 한다. 티팟에 차를 넣고 100℃의 끓는 물을 부으면 점핑이 잘 이루어진다. 이때 차가 충분히 용출될 수 있도록 둥근 모양의 티팟을 선택해야 하며, 티팟 중앙에 걸망이 없는 도구를 사용해야 한다.

> **TIP**
> 베스트 드립(Best drips): 마지막 진한 차 한 방울까지 티팟에 떨어뜨리는 방법

중국 홍차 우리는 순서

✻ 재료 (1인 기준): 홍차(기문, 정산소종, 전홍 중 택1) 3g, 100℃로 끓인 물 150cc

✻ 우리는 방법

1. 순숙으로 끓인 물을 다호(다관)와 찻잔에 부어 예열한다.
2. 예열된 다호의 물을 퇴수기에 버린다.
3. 다호에 차를 넣고 끓인 물 150cc를 부어 2분간 우린다.
4. 예열된 찻잔의 물을 버린다.
5. 공도배에 스트레이너(걸망)를 올려 놓고 ③에 차를 따른다.
6. 예열된 찻잔에 ⑤의 차를 따른다.
7. 1~2회 더 우려 마셔도 좋다.

> **TIP**
> 중국 홍차는 백자, 지시호, 유리 등의 다양한 다구들이 사용되며, 다호(나관)는 200cc 이상의 물을 담을 수 있는 크기, 찻잔은 50cc 이상의 크기의 다기를 택하는 것이 좋다.

3. 베리에이션 티 (Variation Tea)

가. 밀크 티(Milk Tea)

영국인들은 이른 아침 눈을 뜨면 밀크 티를 마시며 하루를 시작한다. 밀크 티는 찻잎의 등급에 따라 차 우리는 방법이 다르다. 예를 들면 Dust나 CTC 등의 차는 입자가 파쇄되어 있기 때문에 차를 우유와 함께 넣고 끓여 마신다.

하지만 Leaf Tea는 우유와 함께 넣고 끓이면 우유의 단백질 피막이 찻잎을 코팅시켜 차가 충분히 용출할 수 없기 때문에 먼저 불림기에 차와 물을 넣고 우린 다음, 끓은 우유에 넣고 밀크 티를 만든다. 우유와 차의 양은 기호에 따라 조절할 수 있다. 예를 들면 차와 우유만 넣고 밀크 티를 만들 수 있지만, 여기에 물을 넣어 밀크 티를 부드럽게 만들 수도 있다.

그럼 다양한 밀크 티를 만들어 보자.

1) 기본 밀크 티

✱ 재료 (1인 기준): 아쌈 5g, 우유 200cc, 물 30cc

✱ 우리는 방법

1. 100℃로 끓은 물 30cc와 차 5g을 불림기에 넣고 차가 충분히 우러나올 수 있도록 한다.
2. 밀크 티팟에 우유 200cc를 붓고 중불에서 뚜껑을 열고 서서히 저어 주며 80℃가 되도록 끓인다. 이때 온도계로 온도를 확인한다.
3. ②에서 끓인 우유에 ①의 불린 차를 넣고 혼합한 후 밀크 티팟의 뚜껑을 덮는다. 그리고 5분 동안 충분히 우린다. 이때 모래시계로 시간을 측정한다.
4. 찻잔과 티팟을 예열한다.
5. 티팟에 스트레이너를 올려놓고 차를 따른다.
6. ⑤의 차를 찻잔에 9부가 되도록 따른다.

2) 시나몬 밀크 티(Cinnamon Milk Tea)

* 재료 (1인 기준): 아쌈 5g, 시나몬 스틱 1개, 우유 200cc, 설탕 약간

* 우리는 방법

1. 불림기에 준비한 차를 넣고 100℃로 끓은 물 30cc를 부어 차를 충분히 우린다. 이때 티팟과 찻잔을 예열한다.
2. 밀크 티팟에 200cc 우유와 시나몬 스틱을 넣고 중불에서 뚜껑을 열어 놓은 상태로 서서히 저으면서 80℃가 되도록 끓인다.
3. ②의 밀크 티팟에 ①의 차를 넣고 5분 동안 충분히 우린다.
이때 모래시계로 시간을 확인한다. 그리고 예열된 티팟과 찻잔의 물을 버린다.
4. 예열된 티팟에 스트레이너를 이용하여 ③의 차를 빠른 속도로 따른다.
5. ④의 차를 밀크 잔에 9부가 되도록 따른다. 기호에 따라 설탕을 첨가하여 마셔도 좋다.

> **TIP**
> 우유를 끓일 때 꼭 온도계를 사용하여 80℃가 넘지 않도록 한다. 우유가 80℃를 넘게 되면 고소한 맛과 좋은 성분들이 파괴된다. 온도계가 없을 경우 대략적인 온도를 측정하는 방법은 밀크 티팟의 윗부분에 작은 기포 수막이 생기는 때가 80℃ 정도 되는 시점이다.
> 시나몬 대신 생강 3쪽을 넣어 진저 밀크 티를 만들 수 있다.

3) 바나나 밀크 티(Banana Milk Tea)

* 재료 (1인 기준): 아쌈 5g, 우유 200cc, 바나나 1/2개(3 pieces)

* 우리는 방법

1. 불림기에 차를 넣고 100℃ 끓은 물 30cc를 붓고 우린다.
2. 밀크 티팟에 얇게 자른 바나나 2pieces를 넣고 우유 200cc와 함께 80℃가 되도록 끓인다.
3. ②에 ①의 차를 넣고 반드시 밀크 티팟의 뚜껑을 덮고 5분간 충분히 우린다.
   (모래시계를 이용하여 시간 체크)
4. 티팟과 찻잔을 예열한다.
5. 예열된 티팟에 스트레이너를 이용하여 차를 따른다.
6. 예열된 찻잔에 남은 바나나를 넣고 ⑤의 차를 따른다. 이때 설탕을 넣어 마셔도 좋다.

> **TIP**
> 완숙된 바나나를 사용하지 않으면 떫은맛이 강해진다. 꿀이나 설탕을 첨가하여 마시면 맛이 더 고급스러워진다.

4) 인디안 밀크 티(Indian Milk Tea)

✽ 재료 (1인 기준): 아쌈 5g, 우유 200cc, 시나몬 1/2 스틱, 슬라이스한 생강 1개, 정향 3개, 카르다멈 2개

✽ 우리는 방법
1. 불림기에 준비한 차를 넣고 100℃ 끓은 물 30cc를 부어 충분히 차를 우린다.
2. 밀크 티팟에 우유 200cc를 붓고 시나몬, 생강, 정향, 카르다멈을 넣은 후 80℃가 되도록 끓인다.
3. ②의 티팟에 ①의 차를 부은 다음 뚜껑을 덮고 5분 동안 충분히 우린다.
4. 티팟과 찻잔을 예열한다.
5. 예열된 티팟과 찻잔의 물을 버린 후 티팟에 스트레이너를 걸쳐 ③의 차를 따른다.
6. 밀크 찻잔에 9부 정도 따른다. 기호에 따라 설탕을 첨가하여 마셔도 좋다.

TIP

우유를 끓일 때는 뚜껑을 열고 저어 주면서 끓인다. 그러나 차를 넣고 우릴 때에는 홍차의 향이 휘발되지 않도록 반드시 뚜껑을 덮고 우려야 한다.

인디언 밀크 티는 일명 '마살라 티'라 불린다. 인도 사람들이 가장 많이 즐겨 마시는 마살라 티는 차와 우유 그리고 향신료 등을 넣고 끓인 독특한 인도식 밀크 티이다.

5) 아이리쉬 로얄 밀크 티(Irish Royal Milk Tea)

* 재료 (1인 기준): 아쌈 홍차 5g, 우유 200cc, 플레인 크림치즈 100cc, 생크림 1/2컵, 꿀 1Ts, 시나몬파우더 약간, 슈가파우더 약간, 찻잎 1

* 우리는 방법
1. 플레인 크림치즈와 생크림 그리고 슈가파우더를 큰 볼에 넣고 거품기로 잘 저어 생크림을 완성한다.
2. 100℃로 끓인 물 30cc로 홍차를 불린다.
3. 우유 200cc를 밀크 티팟에 붓고 80℃가 되도록 끓인다.
4. ③에 ②를 넣고 뚜껑을 덮은 뒤 5분 동안 우린다.
5. 유리잔에 스트레이너를 올려 ④를 붓는다.
6. ⑤에 ①에서 만든 생크림을 가득 얹는다.
7. ⑥에 시나몬파우더와 슈가파우더를 차례로 뿌린다.
8. ⑦을 찻잎으로 장식한다.

> **TIP**
> 밀크 티는 우유의 지방 함량이 높을수록 고소함이 강하다. 따라서 우유를 선택할 때 저지방 우유보다 일반 우유를 선택하면 더 고소하고 맛있는 밀크 티를 만들 수 있다.

6) 초코칩 밀크 티(Chocochip Milk Tea)

✻ 재료 (1인 기준): 아쌈 홍차 5g, 우유 200cc, 사과 슬라이스 1쪽, 민트 생잎 1개,
　　　　　　　　초코칩 가루 약간

✻ 우리는 방법

1. 홍차 5g을 불림기에 넣고 100℃ 끓는 물 30cc를 부어 충분히 차를 불린다.
2. 80℃로 끓인 우유 200cc에 ①을 넣고 5분간 우린다.
3. 차가 우려지는 동안 초코칩을 분쇄한다.
4. 사과를 유리잔의 지름 크기에 맞게 잘라 준비해 둔다.
5. ②의 차를 유리잔에 붓는다.
6. ④에서 준비한 사과를 ⑤에 올린다.
7. ③에서 준비한 초코칩 가루를 적당히 올린다.
8. ⑦에 민트잎을 올려 싹이 돋아난 듯 장식한다.

> **TIP**
> 초코칩 가루 대신에 초콜릿색 비스켓을 이용해도 좋다. 갓 피어오른 새순을 표현하기 위해 찻잎 또는 식용 잎들로 장식해 보자.

7) 마시멜로 밀크 티(Marshmallow Milk Tea)

* 재료 (1인 기준): 아쌈 홍차 5g, 우유 200cc, 마시멜로 5개, 휘핑크림 약간

* 우리는 방법

1. 100℃로 끓은 물 30cc를 5g의 차에 붓고 불린다.
2. 우유 200cc를 밀크 티팟에 붓고 80℃가 되도록 끓인다.
3. ②에 ①을 넣고 5분간 우린다.
4. 밀크잔에 스트레이너를 올려 ③을 따른다.
5. 밀크잔에 마시멜로를 적당히 넣는다.
6. 휘핑크림을 거품 내어 ⑤에 올린다.

> **TIP**
> 한 끼 식사로 충분한 마시멜로 밀크 티는 부드럽고 달콤한 맛이 일품이며 아이들과 노약자들의 간식으로 좋다.

8) 홍차 라떼(Black Tea Latte)

* 재료 (1인 기준): 아쌈(CTC) 홍차 5g, 우유 150cc, 물 50cc

* 우리는 방법

1. 밀크 티팟에 물 50cc와 우유 100cc 그리고 차를 넣고 80℃가 될 때까지 끓인다.
2. 휘핑기에 우유를 넣고 거품을 낸다.
3. 밀크 잔에 스트레이너를 올려놓고 ①의 차를 따른다.
4. ③의 찻잔에 ②의 거품을 찻잔 가득 올린다.
5. ④에 가루차를 이용하여 그림을 그려본다.

나. 스피리츠 티(Spirits Tea)

1) 와인 티(Wine Tea)

* 재료 (1인 기준): 홍차(딤블라 OP) 5g, 와인 100cc, 물 100cc, 시나몬 스틱 1½, 설탕 3g

* 우리는 방법

1. 와인 100cc와 물 100cc를 혼합한다.
2. ①에 시나몬 스틱 1/2과 설탕을 넣고 100℃로 끓인다.
3. 티팟에 5g의 차를 넣고 ②를 부어 3분 동안 충분히 우린다.
4. 와인 잔에 ③을 따른다.
5. ④에 시나몬 스틱을 넣어 장식한다.

> **TIP**
> 와인 티는 부드러운 맛이 포인트이므로 쓴맛이 나는 드라이 와인((Dry Wine)보다 부드러운 스위트 와인(Sweet Wine)이 더 적합하다.

2) 위스키 티(Whiskey Tea)

✻ 재료 (1인 기준): 홍차(우바 OP) 3g, 물 200cc, 위스키 한두 방울

✻ 우리는 방법

1. 티팟에 홍차 3g을 넣고 100℃ 끓는 물 200cc를 부어 3분간 우린다.
2. 찻잔을 예열한다.
3. 예열된 찻잔에 위스키 한두 방울을 떨어뜨린다.
4. ③에 ①을 따른다.

> **TIP**
> 우바에 위스키를 첨가해 보자. 우바가 지니고 있는 독특한 향과 위스키의 향이 절묘하게 어우러져 독특한 풍미를 느낄 수 있다.

3) 티 로얄(Tea Royal)

* 재료 (1인 기준): 홍차(스리랑카 BOP) 3g, 위스키 20cc, 물 200cc, 각설탕 1개

* 우리는 방법
1. 티팟에 홍차 3g을 넣고 100℃ 끓는 물 200cc를 부어 5분간 충분히 우린다.
2. 긴 유리잔에 ①의 홍차를 붓는다.
3. 위스키 볼에 각설탕과 위스키 20cc를 붓고 불을 붙인다.
4. 이때 위스키의 불에 설탕은 녹는다.
5. 위스키 볼을 돌려 유리잔에 ④를 따라 디캔팅한다.

다. 과일 티(Fruits Tea)

1) 스트로베리 티(Strawberry Tea)

* 재료 (1인 기준): 냉동 딸기 500g, 물 1,000cc, 홍차(캔디 BOP) 10g, 설탕 약간

* 우리는 방법

1. 티팟에 냉동 딸기와 물 1,000cc를 넣고 충분히 끓인다.
2. 홍차 10g을 유리 티팟에 넣는다.
3. ②에 ①의 딸기 원액을 붓고 차를 우린다.
4. 유리잔에 딸기 한 개를 넣고 ③의 차를 따른다.

> **TIP**
> 봄철 딸기를 깨끗이 씻어 냉동 보관하여 사용하면 스트로베리 티를 사계절 내내 즐길 수 있다.

2) 애플 티(Apple Tea)

* 재료 (1인 기준): 홍차(닐기리 OP) 3g, 사과 5조각, 리큐르 1/2Ts, 설탕 1Ts, 물 200cc, 사과 껍질 약간

* 우리는 방법

1. 슬라이스를 한 사과에 설탕을 뿌린다.
2. 티 포트에 물 200cc를 붓고 사과 껍질을 넣어 100℃로 끓인다.
3. ②의 티포트에 리큐르를 붓는다.
4. 찻잔과 티팟을 예열한다.
5. 예열된 티팟에 홍차 3g을 넣고 ③의 물을 부어 3분간 우린다.
6. 예열된 찻잔에 ①의 슬라이스한 사과를 넣는다.
7. ⑥의 찻잔에 ⑤의 차를 따른다.

> **TIP**
> 사과의 산이 홍차와 만나면 탕색은 옅어지고 맛이 떨어진다. 그러므로 설탕 또는 리큐르를 가미해서 그 맛을 상승시킨다.

3) 레몬 티(Lemon Tea)

* 재료 (1인 기준): 홍차(닐기리 OP) 3g, 레몬 1조각, 물 200cc, 설탕 약간

* 우리는 방법

1. 티팟에 차 3g을 넣고 100℃ 끓는 물 200cc를 부어 3분간 우린다.
2. 찻잔을 예열한다.
3. 깨끗이 씻어 슬라이스한 레몬을 레몬 접시에 집게와 함께 준비해 둔다.
4. ②에 스트레이너를 이용하여 ①의 차를 찻잔에 따른다.
5. ④에 ③에서 준비한 레몬을 띄운다.
6. 취향에 따라 설탕을 가미해도 된다.

TIP
레몬 티 마실 때 유의점은 차에 레몬을 오래 담그면 홍차의 색이 옅어지고 맛은 쓰고 떨어진다. 따라서 집게를 이용하여 레몬을 홍차에 30초 정도 넣었다 뺀다.

4) 파인애플 티(Pineapple Tea)

* 재료 (1인 기준): 홍차(딤블라 BOP) 3g, 파인애플 1슬라이스, 물 200cc, 리큐르 1Ts

* 우리는 방법

1. 티 포트에 물 200cc를 붓고 100℃가 되도록 끓인다.
2. ①에 파인애플과 리큐르를 넣고 1분 정도 끓인 다음 예열된 찻잔에 파인애플을 먼저 넣어 둔다.
3. 티팟에 3g의 차를 넣은 후 ②의 물을 붓고 3분간 우린다.
4. 찻잔에 ③의 차를 따른다.

> **TIP**
> 설탕은 파인애플 티의 풍미를 더해주므로 통조림을 사용하는 것도 무방하다.

5) 자몽 티(Grapefruit Tea)

✽ 재료 (1인 기준): 자몽 1링, 홍차(딤블라 BOP) 3g, 물 200cc, 설탕 또는 시럽 약간

✽ 우리는 방법

1. 자몽을 깨끗이 씻어 슬라이스 한다.
2. 티팟에 홍차를 넣고 100℃로 끓는 물 200cc를 부어 3분 동안 우린다.
3. 유리잔에 슬라이스한 자몽을 넣는다.
4. ③에 ②의 차를 따른다.
5. 기호에 따라 설탕과 시럽을 적당량 넣어 마신다.

> **TIP**
> 자몽 대신 오렌지를 이용해도 된다.

6) 그레이프 티(Grape Tea)

* 재료 (1인 기준): 거봉 5알, 홍차(누와라 엘리야 OP) 3g, 물 200cc, 설탕 약간

* 우리는 방법

1. 거봉은 깨끗이 씻어 껍질을 벗겨 둔다.
2. ①에서 준비한 거봉 껍질과 물 200cc를 티팟에 붓고 100℃로 끓인다.
3. 홍차 3g을 티팟에 넣고 ②의 물을 부어 3분간 우린다.
4. 유리잔에 준비한 거봉을 모두 넣는다.
5. 유리잔에 스트레이너를 이용하여 ③의 차를 따른다.
6. 기호에 따라 설탕을 넣어 마신다.

> **TIP**
> 거봉 껍질은 냉동 보관해 두었다가 사용해도 좋다.

7) 복숭아 티(Peach Tea)

* 재료 (1인 기준): 홍차(딤블라 BOP) 3g, 복숭아 1조각, 복숭아 시럽 1Ts, 물 200cc

* 우리는 방법

1. 포트에 물 200cc와 복숭아 1조각을 넣고 100℃가 되도록 끓인다.
2. 티팟을 예열한 후 차 3g을 넣고 ①의 끓인 물을 붓는다.
3. ②를 3분간 충분히 우린다.
4. 찻잔을 예열한 후 ①의 복숭아를 찻잔에 넣는다.
5. 찻잔에 차를 따른다.
6. ⑤에 복숭아 시럽을 기호에 따라 첨가한다.

> **TIP**
> 유리잔을 이용하여 복숭아 티의 심미감을 더해 보자.
> 복숭아 티를 즐기기 위해 여름철 복숭아를 구입하여 슬라이스한 다음 설탕에 절여 놓았다가 사용해 보자.
> 복숭아 티는 향이 좋아 핫 티 또는 아이스 티 등으로 다양하게 사용할 수 있으며 복숭아 시럽은 아이스 티 또는 티 푸드에 이용할 수 있다.

8) 살구 티(Apricot Tea)

* 재료 (1인 기준): 홍차(딤블라 BOP) 3g, 살구 3조각, 살구 시럽 1Ts, 물 200cc

* 만드는 방법
1. 포트에 물 200cc와 시럽을 넣고 100℃가 되도록 끓인다.
2. 예열된 티팟에 3g의 차를 넣고 ①의 물을 붓는다.
3. 3분 동안 충분히 우린다.
4. 예열된 찻잔에 살구를 넣는다.
5. ④에 ③의 차를 빠른 속도로 따른다.

> **TIP**
> 살구를 설탕에 절여 냉장 보관해 놓았다가 적절히 차에 사용해 보자.
> 살구는 복숭아와 달리 과육이 무르기 때문에 포트에 넣고 끓이면 탕색이 탁해진다는 점을 유의해야 한다.

9) 종합 과일 티(Kinds of Fruits Tea)

* 재료 (1인 기준): 홍차(캔디 BOP) 20g, 로제와인 2Ts, 서양배 5개, 파인애플 1링, 오렌지 5쪽, 거봉 10알, 복숭아 3쪽, 물 1,000cc, 설탕 약간

* 우리는 방법

1. 과일들을 깨끗이 손질한다. 오렌지는 속껍질을 벗겨 5쪽 준비한다. 거봉 10알 중 5알은 껍질을 벗기고, 5알은 반으로 잘라 준비한다. 복숭아는 껍질째 3쪽을 준비한다. 서양배는 통조림을 이용한다. 파인애플은 껍질을 벗겨 1링을 준비한다.
2. 유리 티팟에 물 1,000cc와 로제와인 2Ts을 넣은 다음 준비한 ①의 과일을 넣어 티 워머에 올린다.
3. 홍차 20g을 티팟에 넣고 100℃로 끓인 물 500cc를 넣어 5분간 충분히 우린다.
4. 과일이 들어 있는 티팟에 홍차를 따른다.
5. 찻잔에 ④의 차를 따른다.
6. 기호에 따라 설탕을 넣어 마신다.

> **TIP**
> 과일 티는 티 워머를 이용하여 과일즙이 충분히 우러나올 수 있도록 한다.

라. 아이스 티(Iced Tea)

1) 기본 아이스 티 I

* 재료 (1인 기준): 홍차(케냐산 CTC) 9g, 물 150cc, 얼음 적당량, 시럽 약간

* 우리는 방법

1. 포트에 물을 붓고 100℃로 끓인다.
2. 티팟에 홍차 9g을 넣고 ①의 물을 150cc 부어 5분간 우린다.
3. 준비된 유리컵에 얼음을 적당히 넣고 ②의 홍차를 붓는다.
4. 기호에 따라 시럽을 첨가하여 마신다.

> **TIP**
> 아이스 티를 만들 때에는 탄닌 성분이 적게 함유된 차를 선택해야 한다. 탄닌 성분이 많이 함유된 차를 사용하면 탕색이 뿌옇게 흐려지는 백탁현상이 일어나기 때문이다.
> 홍차의 선택: 케냐 홍차, 인도 닐기리, 스리랑카 캔디 등이 아이스 티에 적합하다.

2) 트리플 아이스 티 I (Triple Iced Tea I)

* **재료 (1인 기준)**: 아이스 티 100cc, 오렌지주스 50cc, 그라나다 시럽 1Ts, 설탕 시럽 1Ts, 얼음 약간

* **우리는 방법**

1. 긴 유리잔에 그라나다 시럽 1Ts을 붓고 그 위에 얼음을 가득 채운다.
2. ①의 얼음막 위에 오렌지주스 50cc를 붓는다. 그리고 그 위에 얼음막을 만든다.
3. ② 위에 준비된 아이스 티를 붓는다.
4. ③에 적당량의 시럽을 따른다.

TIP
마실 때는 스트로를 이용하여 3가지 맛을 함께 음미해 본다.

3) 트리플 아이스 티 II (Triple Iced Tea II)

* 재료 (1인 기준): 아이스 티 100cc, 우유 50cc, 가루차 3g, 설탕 시럽 1Ts, 얼음 약간

* 우리는 방법

1. 물 30cc에 가루차를 넣고 잘 저어 유리잔에 따른다.
2. ①에 설탕 시럽을 붓는다.
3. ②에 얼음을 가득 채운다.
4. ③에 우유를 붓고 얼음을 다시 채운다.
5. ④에 아이스 티를 붓는다.

> **TIP**
> 가루차와 밀크 티를 한 번에 맛볼 수 있다.
> 마실 때에는 스트로를 아래에서 위로 쭉 올리면서 세 가지 맛을 모두 음미해 보자.

4) 비어 티(Iced Beer Tea)

✱ 재료 (1인 기준): 아이스 티 150cc, 레몬즙 5cc, 꿀 2Ts, 맥주 1/5컵

✱ 우리는 방법

1. 시원한 아이스 티를 준비한다.
2. 유리잔에 레몬즙과 꿀을 넣어 혼합한다.
3. ②에 ①의 아이스 티를 따른다.
4. ③의 잔에 맥주를 따른다.

> **TIP**
> 비어 티는 맥주의 거품을 충분히 살려 따르는 것이 포인트이다.

5) 아이스 진저 티(Iced Ginger Tea)

✻ 재료 (1인 기준): 아이스 티 150cc (CTC 케냐산 홍차 9g), 생강즙 5cc, 탄산수 50cc, 꿀 2Ts, 레몬즙 1Ts

✻ 우리는 방법
1. 케냐산 홍차를 준비하여 더블 쿨링 방식으로 아이스 티를 만든다.
2. 긴 유리잔을 준비하여 ①의 아이스 티를 붓는다.
3. ②에 꿀과 생강즙, 레몬즙을 넣고 혼합한다.
4. ③에 탄산수를 혼합한다.

> **TIP**
> 더블 쿨링(Double Cooling) 방식: 먼저 홍차를 우린다. 그리고 티팟에 얼음을 담아 홍차를 부어 1차 냉각시킨 다음, 준비된 얼음볼에 앞의 냉각시킨 티팟을 넣고 얼음을 가득 부어 2차 냉각시켜 사용하는 방법이다.

6) 아이스 그레이프 티(Iced Grape Tea)

* 재료 (1인 기준): CTC 홍차 9g, 껍질 벗긴 거봉 10알, 설탕 시럽 1Ts, 리큐르 1Ts, 물 150cc, 얼음 약간

* 우리는 방법

1. 티팟에 100℃로 끓인 물 150cc와 홍차 9g을 넣고 5분간 우린다.
2. 긴 유리잔에 얼음을 넣는다.
3. ②에 준비한 거봉을 넣는다.
4. 리큐르와 시럽을 ③에 넣는다.
5. 준비된 ①의 홍차를 ④의 잔에 따른다.
6. 스트로를 이용하여 마신다.

> **TIP**
> 거봉 대신 당도가 높은 포도를 이용해도 무방하다.

7) 아이스크림 티(Tea Jelly with Icecream)

✳ 재료 (1인 기준): 밀크 티 150cc, 구슬 아이스크림 1Ts, 젤리 5개, 각얼음 약간

✳ 우리는 방법

1. 밀크 티 150cc를 유리잔에 따른다.
2. ①에 각얼음과 젤리를 넣는다.
3. 아이스크림을 ②에 올린다.
4. ③에 구슬 아이스크림으로 장식한다.

> **TIP**
> 아이스 밀크 티(Iced Milk Tea) 만들기(1인 기준): 티팟에 아쌈CTC 홍차 9g과 끓은 물 100cc를 붓고 5분 간 충분히 우린다. 보관 티팟에 홍차를 따른 다음 우유를 넣고 혼합한다. 냉장 보관해 두었다가 얼음을 함께 넣어 마신다. 이때 설탕 시럽 또는 과일 시럽을 첨가해서 마셔도 좋다.

제7장

허브 티(Herb Tea)

1. 허브의 의미
2. 허브의 종류와 분류
3. 허브 티의 종류에 따른 효능과 음용방법

1. 허브의 의미

　6,000년의 긴 역사를 품고 있는 허브는 잎과 줄기 그리고 열매와 뿌리 등이 약용 또는 식용으로 사용되어 왔다. 고대 유럽인들은 허브를 신이 내린 최고의 선물이라 여겼다. 그리고 명약처럼 귀히 여기며, 다양한 방법으로 실생활에 접목시켰다. 그 한 예로 후추와 타임 등을 들 수 있다. 이같은 허브의 도입은 중세 유럽의 식문화에 큰 영향을 가져왔다. 뿐만 아니라 허브는 향과 약초로 쓰이면서 일명 향초(香草)라 불렀다. 따라서 향기 성분이 있는 유용식물 모두를 허브라 칭한다.

　허브를 즐기는 유럽인들은 차를 음용하기 이전부터 허브를 음료로 마셔 왔다. 허브의 쓰임새는 참으로 광범위하다. 약용·식용·음용·미용 등 우리의 생활 속에서 다양하게 쓰이고 있다. 이와 같이 허브는 오늘날 현대인들에게 정신적·물질적 영양 공급을 하면서 아로마 테라피로 우리 곁에 친근하게 자리매김 하고 있다.

2. 허브의 종류와 분류

허브의 종류는 다음과 같이 색으로 분류한다.

허브의 분류	허브의 종류
녹색 계열	페퍼민트, 세이즈, 레몬밤, 레몬그라스 등
황색 계열	루이보스, 메리골드, 캐모마일, 린덴 등
빨간색 계열	히비스커스, 로즈 힙 등
청색 계열	멜로우, 라벤더 등

3. 허브 티의 종류에 따른 효능과 음용 방법

가. 루이보스(Rooibos)

⊙ 효능

　루이보스는 뿌리에서 잎까지 모두 사용하는데, 특히 활성산소를 억제시키는 항산화 성분을 함유하고 있다. 따라서 각종 피부염 중 아토피 피부 개선에 효능이 있다. 뿐만 아니라 류머티즘 예방, 살균 작용 등 다양한 효능을 지니고 있다.

⊙ 루이보스를 즐기는 방법

　유리 티팟에 루이보스 3g을 넣고 끓은 물 150cc를 부어 2분 정도 충분히 우린다. 여기에 감초 또는 히비스커스를 함께 넣어 마시면 그 풍미가 배가 된다.

나. 린덴(Linden)

⦿ 효능

　린덴은 린덴 플라워라 칭하기도 한다. 꽃은 부드럽고 단맛이 강하며 향은 다른 허브에 비해 약하다. 린덴은 지방 분해 작용과 이뇨 작용을 하기 때문에 다이어트에 좋을 뿐 아니라 긴장완화와 불면증, 그리고 피부 미용에 효과적이다.

⦿ 린덴 즐기는 방법

　티팟에 린덴 3g과 100℃ 끓인 물 150cc를 붓고 2분간 충분히 우려 마신다. 그리고 다른 허브와 혼합하여 2회 정도 더 우려 마셔도 좋다.

다. 페퍼민트(Peppermint)

⦿ 효능

　페퍼민트는 청량감이 있는 음료로서 단맛, 매운맛 등의 풍미가 있다. 피부의 점막을 시원하게 하는 기능이 있으며 항균과 통증 완화, 그리고 우울증과 신경성 발작 등에 효과가 있다.

⦿ 페퍼민트 즐기는 방법

　페퍼민트 2g을 티팟에 넣고 끓인 물 150cc를 부어 2분간 우린다. 페퍼민트에 레몬과 루이보스를 첨가하여 핫 티 또는 아이스티로 즐기면 그 맛이 배가 된다.

라. 멜로우(Mallow)

◉ 효능

　멜로우는 로마시대부터 잎과 꽃은 약용으로, 뿌리는 차로 음용해 왔다. 유럽인들은 멜로우를 가정의 상비약으로 여기며, 매년 5월이면 각 가정의 화단에 멜로우를 심는다. 이러한 멜로우는 다양한 효능을 지니고 있다. 특히 감기 예방과 기관시, 소화기 기능을 강화시켜줄 뿐만 아니라 우리의 심신을 안정시켜 주는 등 다양한 효능과 효과가 있는 보배로운 식물이다.

⊙ 멜로우 즐기는 방법

멜로우 3g을 유리 티팟에 넣고 끓인 물 150cc를 부어 1분간 우린다. 멜로우는 색이 순식간에 변하므로 찻잔에 차를 빨리 따라 색의 변화를 즐기면서 마시는 것이 좋다. 멜로우에 레몬을 첨가하면 핑크빛으로, 꿀을 넣으면 흰색으로 변한다.

마. 히비스커스 (Hibiscus)

⊙ 효능

아름다운 신을 닮은 차 히비스커스는 클레오파트라가 즐겨 마셨다는 설이 전해지면서 많은 여성들의 사랑을 듬뿍 받고 있다. 비타민C가 풍부하며 감기 예방과 피로 회복, 피부 미용 그리고 이뇨 작용 등에 효과가 있다.

⊙ 히비스커스 즐기는 방법

티팟에 히비스커스 꽃잎 5g을 넣고 끓인 물 350cc를 부어 3분 동안 충분히 우린다. 겨울철에는 따뜻하게, 여름철엔 얼음을 넣어 시원한 아이스 티로 즐겨 보자. 여기에 꿀 또는 설탕 시럽을 넣어 마시면 그 풍미가 더해진다.

바. 캐모마일(Chamomile)

◉ 효능

캐모마일은 저먼, 로만, 보데골드, 다이어스 등의 네 종류가 있는데 그중에서 저먼은 약효가 탁월하다. 저먼 캐모마일은 항염증성이 뛰어나고 심신을 안정시키는 효과가 있어 불면증과 우울증을 해소시키는 작용을 한다.

◉ 캐모마일 즐기는 방법

캐모마일 2g을 티팟에 넣고 끓인 물 200cc를 부어 2분간 우린다. 캐모마일은 탕색이 맑고 깨끗하며 특히 달콤한 사과 향이 매혹적이다. 때문에 홍차와 함께 블렌딩(Blending)하여 마시면 그 맛이 배가 된다.

제8장

나만의 특별한 차 만들기

1. 블렌딩(Blending)
2. 몸과 마음을 치유하는 홍차블렌딩
3. 몸과 마음을 행복하게 해 주는 홍차블렌딩

1. 블렌딩(Blending)

나만의 특별한 홍차를 만들기 위해서는 먼저 차를 선택하여야 한다. 차를 선택할 때 유의할 점은 찻잎의 등급이 같은 차끼리만 블렌딩(Blending)을 해야 한다는 것이다. 잎의 크기가 다른 차와 배합을 하게 되면 차가 우러나오는 시간이 각각 다르기 때문에 차의 맛과 향이 저하되어 차 본연의 맛까지 잃을 수 있으므로 신중해야 한다.

차를 블렌딩하기 위해서는 차의 특성을 자세히 살펴보아야 한다. 즉 차맛의 강, 약 그리고 향과 탕색을 감별하는 것이 중요하다.

예를 들어 다르질링 1g, 아쌈 1g, 딤블라 1g를 블렌딩해 보자. 다르질링의 맛과 향, 탕색이 다소 약하고 순하게 느껴지면, 아쌈 퍼스트 플러쉬를 첨가하여 맛과 향을 상승시킬 수 있다. 또한 여기에 꽃향과 탕색이 고운 딤블라를 함께 블렌딩하면 그 맛의 풍미가 한층 더해질 것이다. 이와 같이 블렌딩은 차가 지니고 있는 단점을 서로 보완하여 새로운 맛과 향을 지닌 특별한 차로 다시 탄생시키는 묘미가 있다.

그럼 나만의 특별한 차를 만들어 보자(1인분 기준 3g).

⦿ 블렌딩 1: 다르질링 1g, 아쌈 1g, 기문 0.5g, 딤블라 0.5g

⦿ 블렌딩 2: 다르질링 1g, 아쌈 1g, 누와라 엘리야 1g

* 블렌딩하는 방법
1. 차(다르질링 3g, 누와라 엘리야 3g)를 블렌딩기에 넣고 배합한다.
2. 차통에 블렌딩한 차를 붓는다.
3. 티팟에 차를 넣는다.
4. 100℃ 끓는 물을 넣고 3분간 우린다.
5. 찻잔에 차를 따른다.

2. 몸과 마음을 치유하는 홍차 블렌딩

홍차는 향을 마신다 해도 과언이 아니다. 그러므로 한 잔의 홍차는 훌륭한 아로마 치유가 될 수 있다. 홍차에 허브와 위스키, 우유, 그리고 과일 등을 혼합하여 맛과 향이 풍부한 나만의 특별한 차를 만들어 보자.

가. 스트레스를 풀고 싶을 때

* 재료 (2인 기준): 캐모마일 1g, 우바 5g, 우유 40cc, 물 400cc

* 만드는 방법
1. 100℃로 끓인 물 400cc를 준비한다.
2. 티팟에 우바와 캐모마일을 넣고 ①의 물을 부어 차를 3분간 우린다.
3. 찻잔에 ②의 차를 따른다.
4. 우유를 휘핑기에 넣고 거품을 내어 ③에 따른다.

나. 우울할 때 기분전환을 위해서

* 재료 (2인 기준): 딤블라 5g, 사과 4쪽, 와인 50cc, 물 400cc

* 만드는 방법
1. 100℃로 끓인 물 400cc를 준비한다.
2. 티팟에 딤블라와 사과 2쪽을 넣고 ①의 물을 부어 3분간 우린다.
3. 잔에 와인과 남은 사과 2쪽을 넣는다.
4. ③의 잔에 ②의 차를 따른다.

다. 에너지를 충전하고 싶을 때

* 재료 (2인 기준): 아쌈 6g, 생강 4쪽, 우유 50cc, 물 400cc, 얼음 적당량

* 만드는 방법
1. 생강을 넣고 100℃로 끓인 물 400cc를 준비한다.
2. 티팟에 아쌈을 넣고 ①의 물을 부어 3분간 우린다.
3. 긴 유리잔에 얼음을 가득 넣고 ②의 차를 따른다.
4. ③의 잔에 우유를 붓는다.

라. 감기 증상이 있을 때

비타민C가 풍부하고 살균력이 강한 허브를 택하여 블렌딩하여 보자.

재료 (2인 기준): 인도 닐기리 4g, 히비스커스 1g, 페퍼민트 1g, 생강 2쪽, 물 400cc, 위스키 적당량

＊ 만드는 방법

1. 100℃로 끓은 물 400cc를 준비한다.
2. 티팟에 준비된 홍차와 히비스커스, 페퍼민트, 생강을 넣고 ①의 물을 부어 3분간 우린다.
3. ②를 찻잔에 따르고 위스키 한두 방울을 떨어뜨린다.

마. 입맛이 없을 때

＊ 재료 (2인 기준): 누와라 엘리아 4g, 오렌지 필 1g, 정향 3개, 샤프란(Saffran) 1g, 물 400cc, 꿀 1Ts

＊ 만드는 방법

1. 100℃로 끓인 물 400cc를 준비한다.
2. 티팟에 홍차와 오렌지 필, 정향, 샤프란을 넣고 ①의 물을 부어 3분 동안 차를 우린다.
3. ②의 차를 찻잔에 따른 다음 꿀을 넣는다.

바. 노화 방지를 위해서

＊ 재료 (2인 기준): 아쌈 5g, 린덴플라워 2g, 우유 100cc, 물 250cc

＊ 만드는 방법

1. 밀크 티팟에 우유와 린덴플라워를 넣고 80℃가 되도록 끓인다.
2. 100℃로 끓인 물 250cc를 준비한다.
3. 티팟에 아쌈을 넣고 ②의 물을 부어 3분간 우린다.
4. ①에 ③의 차를 넣어 혼합한다.
5. 머그잔에 ④의 차를 따른다.

3. 몸과 마음을 행복하게 해 주는 홍차 블렌딩

가. 블렌딩 1

* 재료 (2인 기준): 히비스커스 3g, 홍차(우바) 2g, 우유 50cc, 물 300cc, 꿀 약간

* 만드는 방법
1. 100℃로 끓인 물 300cc를 준비한다.
2. 티팟에 홍차(우바)와 히비스커스를 넣고 ①의 물을 부어 차를 3분 동안 충분히 우린다.
3. ②의 차에 꿀을 넣어 혼합한다.
4. 우유를 거품기에 넣고 거품을 내어 ③에 따른다.

나. 블렌딩 2

* 재료 (2인 기준): 스리랑카 홍차 3g, 시나몬 스틱 1/2개, 레몬 피 1g, 레몬 밤 2g, 물 400cc

* 만드는 방법
1. 포트에 400cc의 물을 붓고 시나몬, 레몬 피, 레몬 밤을 넣어 100℃로 끓인다.
2. 티팟에 홍차를 넣고 ①의 물을 부어 3분간 충분히 우린다.
3. 찻잔에 ②의 차를 따른다.

다. 블렌딩 3

재료 (2인 기준): 닐기리 홍차 4g, 페퍼민트 1g, 루이보스 1g, 감초 1조각, 물 400cc

* 만드는 방법

1. 포트에 물 400cc를 붓고 감초를 넣어 100℃로 끓인다.
2. 티팟에 홍차와 페퍼민트, 루이보스를 넣는다.
3. ②의 티팟에 ①의 물을 붓고 차를 3분간 우린다.
4. 찻잔에 ③의 차를 따른다.

라. 블렌딩 4

* 재료 (2인 기준): 딤블라 3g, 딸기 2g, 라벤더 1g, 꿀 1Ts, 물 400cc

* 만드는 방법

1. 포트에 딸기 2개와 물 400cc를 붓고 100℃로 끓인다.
2. 티팟에 홍차와 라벤더를 넣고 ①의 물을 부어 차를 3분간 충분히 우린다.
3. 찻잔에 꿀과 딸기를 넣는다.
4. ③의 찻잔에 ②의 차를 따른다.

마. 블렌딩 5

재료 (2인 기준): 얼그레이 홍차 3g, 오렌지주스 50cc, 우유 50cc, 레몬즙 약간, 물 300cc

* 만드는 방법

1. 100℃로 끓인 물 300cc를 준비한다.
2. 티팟에 홍차를 넣고 ①의 물을 부어 차를 3분 동안 충분히 우린다.
3. 유리잔에 오렌지주스를 붓고 레몬즙을 한두 방울 떨어뜨린다.
4. ③에 ②의 차를 따른다.
5. 우유를 거품기에 넣어 거품을 낸 후 ④에 따른다.

제9장

티 푸드(Tea Food)

1. 핫케이크
2. 베이컨 오렌지말이
3. 마들렌
4. 딸기 경단
5. 샌드위치
6. 감자 크루스타드
7. 게살 카나페
8. 크루아상

1. 핫케이크(Hot Cake)

＊ 재료: 핫케이크 가루 1컵, 귤잼 100cc, 우유 50cc, 달걀 1개

＊ 만드는 방법

1. 핫케이크 가루에 우유와 달걀을 넣어 반죽한다.
2. 팬에 ①의 반죽을 한 스푼 올려 지름 10cm 크기로 핫케이크를 만든다.
3. ②의 핫케이크가 잘 익으면 적당량의 귤잼을 넣고 반으로 접는다.

> **TIP**
> 귤잼 만들기: 껍질을 벗긴 귤 10개를 냄비에 넣고 설탕 1/2컵을 첨가하여 약불에서 2시간 정도 충분히 졸인다.

2. 베이컨 오렌지말이

* 재료: 베이컨 120g, 오렌지 1개, 리큐르 1Ts

* 만드는 방법
1. 오렌지를 깨끗이 씻어 껍질을 벗긴다.
2. 껍질을 벗긴 오렌지를 한입 크기로 썬다.
3. 베이컨에 ②의 오렌지를 넣고 둥글게 만다.
4. 팬에 ③을 올려 리큐르를 한두 방울 떨어뜨려 바른다.
5. 센 불에서 살짝 골고루 익힌다.

3. 마들렌

* 재료: 박력분 100g, 홍차 10g, 버터 100g, 설탕 90g, 베이킹파우더 1/4ts, 달걀 2개, 다진 레몬 껍질 1/2개

* 만드는 방법

1. 박력분과 베이킹파우더는 체 쳐 둔다.
2. 버터를 녹인 후 ①에 넣어 혼합한다.
3. 마들렌 틀에 버터를 바르고 밀가루를 살짝 뿌린다.
4. 달걀과 설탕을 볼에 넣고 거품기로 잘 젓는다.
5. ④에 ②와 분쇄한 홍차 가루, 다진 레몬 껍질을 넣고 잘 혼합한다.
6. ⑤를 마들렌 틀에 7부 정도 붓는다.
7. 180℃로 예열된 오븐에 15분 정도 구워 낸다.

4. 딸기 경단

* 재료: 찹쌀가루 1컵, 딸기 5개, 가루차 5g, 소금 약간, 올리브유 약간

* 만드는 방법

1. 찹쌀가루에 소금과 가루차를 혼합하여 뜨거운 물에 익반죽한다.
2. 딸기를 깨끗이 씻어 물기를 제거한다.
3. ①의 반죽으로 딸기 표면을 감싸 둥근 완자를 만든다.
4. 냄비에 물을 넉넉히 붓고 100℃로 끓인다.
5. ③의 완자를 ④에 넣는다.
6. ⑤의 완자가 익으면 찬물에 담근다. 이때 올리브유를 한 방울 넣는다.
7. ⑥의 완자는 물기를 완전히 제거한 후 냉장고에서 식힌다.
8. ⑦의 완자 표면이 굳어지면 반으로 잘라 접시에 예쁘게 담는다.

5. 샌드위치

* 재료: 우유 식빵 4쪽, 흑 식빵 4쪽, 꿀 약간

* 만드는 방법

1. 식빵을 1.5cm 크기로 자른다.
2. ①의 식빵에 꿀을 바른다.
3. 우유 식빵과 흑 식빵을 부착시킨다.
4. ③을 젖은 수건에 싸서 30분 정도 냉장 보관한다.
5. ④를 정사각형으로 자른다. 그리고 자른 식빵끼리 부착시킨다.
6. ⑤를 1.5cm 두께로 썬다.

6. 감자 크루스타드(Potato Croustade)

* 재료: 식빵 8장, 감자 1개, 햄 4장, 달걀 1개, 호두 20g, 청포도 8알, 마요네즈 1Ts

* 만드는 방법

1. 크루스타드 만들기

   ① 식빵을 밀대로 밀어 하트 모양틀로 찍어낸다.

   ② 머핀틀 안에 ①의 식빵을 넣고 그 위에 컵을 올려놓는다.

   ③ 170℃의 오븐에 ②를 넣고 6분간 굽는다.

2. 감자 샐러드 만들기

   ① 감자를 깨끗이 씻어 찐 후 뜨거울 때 으깬다.

   ② 달걀을 삶아 노른자는 으깨고 흰자는 잘게 다진다.

   ③ 햄은 모형틀로 둥글게 찍어낸 후 남은 분량을 잘게 다진다.

   ④ ①의 으깬 감자에 ②와 ③ 그리고 마요네즈를 넣고 잘 섞는다.

3. 감자 크루스타드 만들기

   ① 크루스타드에 둥근 모형틀로 찍은 햄을 올려놓고 그 위에 감자 샐러드를 담는다.

   ② ①위에 호두와 청포도로 장식하여 완성한다.

> **TIP**
> 청포도 대신 제철 과일 등으로 장식할 수 있다.

7. 게살 카나페

* 재료: 비스켓 10개, 치즈 5장, 게살 3줄, 양상추 약간
* 소스 재료: 유자청 50cc, 가루차 10g, 레몬즙 2Ts

* 만드는 방법

1. 치즈를 모형 틀로 찍는다.
2. 양상추를 오목하게 잘라 놓는다.
3. 게살을 3cm 크기로 잘라 윗부분을 꽃처럼 결을 살린다.
4. 비스켓 위에 ①의 치즈, ②의 양상추, ③의 게살을 올려 모양을 만든다.
5. 소스를 올린다.

> **TIP**
> 와인 티와 함께하면 그 맛이 배가 된다.

8. 크루아상(Croissant)

* 재료: 강력분 150g, 중력분 50g, 설탕 30g, 물 100g, 버터 30g, 충전용 마가린 80g, 달걀 1/2개, 이스트 1/2Ts, 분유 1/2Ts, 소금 1/2ts, 달걀물(노른자 1개+물 1Ts) 약간, 덧가루(여분의 밀가루) 약간

* 만드는 방법
1. 강력분, 중력분을 2~3회 체 친다.
2. ①의 밀가루에 버터와 달걀물을 제외한 나머지를 혼합한 후 버터를 넣고 치댄다.
3. ②를 냉장고에서 30분간 저온 숙성시킨다.
4. 숙성된 반죽을 20cm 정도 크기로 밀어 충전용 마가린을 얇게 썰어 올려놓는다.
5. ④를 밀대로 민 후 다시 반으로 접어 밀고 또다시 접어 밀기를 3회 반복한다.
 이 과정을 3회 3절 접기라고 한다.
6. ⑤의 반죽에 덧가루를 뿌린 후 밀대로 밀어 마름모꼴로 자른다.
 크기는 15cm×10cm×0.5cm로 만든다.
7. ⑥의 마름모꼴로 자른 반죽을 돌돌 말아 모양을 만든다.
8. ⑦을 팬에 담아 달걀물을 바른 후 랩을 씌워 40℃ 정도의 밀폐된 곳에서 30분간 2차 발효시킨다.
9. 발효된 ⑧에 녹인 버터를 바른다.
10. 예열된 오븐(200℃)에서 15분간 굽는다.

제10장

테이블 웨어
(Table ware)

1. 마이쎈(MEISSEN)
2. 웨지우드(WEDGWOOD)
3. 리챠드 지노리(RICHARD GINORI)
4. 헤랜드(HEREND)
5. 로젠탈(ROSENTHAL)
6. 로얄 코펜하겐(ROYAL COPENHAGEN)
7. 아우가르텐(AUGARTEN)

세계의 명품 도자기

　16세기경 테이블 웨어에는 대체로 금, 은 그리고 유리 제품 등이 사용되었으며, 바로크와 로코코 문양이 커트러리에 도입되었다.
　17세기 동양에서 서양으로 건너간 도자 문화로 인해 유럽의 식문화에 다양한 테이블 웨어가 보급되었다. 특히 17~18세기 유럽에는 시누아즈리(Chinoiserie)풍이 유행하였다. 시누아즈리는 중국풍이라는 뜻을 가지고 있으며, 당시 유럽에서 이국적 중국문화를 지칭하는 용어로 상용되었다.
　중국 도자기는 유럽의 왕실에서 백색의 금이라 칭하며 서서히 토착화되었고 중국 특유의 강렬한 색채와 도자적 문양까지 유럽인들에게 쉽게 파급되었다. 이를 기점으로 18세기 유럽 도자 회사들은 하나 둘 정치적 배경을 바탕으로 창립하였다. 중국 자기의 기법을 모방한 유럽 도자기들은 대체로 조개패 재질을 얻어 1,400℃의 고화도 소성으로 상·중 회장식이 가능한 도자기를 탄생시켰다. 이후 백색도가 뛰어난 본 차이나(Bone China)가 1750년 토마스 프라이(Thomas Frye)에 의해 개발되어 유럽 도자문화 발전에 큰 영향을 끼쳤다.
　본 차이나는 자기와는 달리 태토에 동물의 뼛가루가 40~50% 정도 함유되어 있으며, 초벌구이는 약 1,230℃로 소성한 후 핸드페인팅 한다. 그리고 1,100℃에서 재벌구이를 하면 본 차이나 특유의 투명한 재질을 느낄 수 있다. 이렇듯 18세기 초 유럽 전 지역에 도자 열풍이 불면서 나라별로 독특한 문양의 테이블 웨어들이 제작되었다.
　독일의 마이쎈, 로젠탈, 오스트리아 아우가르텐, 이탈리아 리챠드 지노리, 덴마크 로얄 코펜하겐, 영국 웨지우드, 프랑스 세브르, 헝가리 헤랜드, 스웨덴의 아라비아 등은 유럽 테이블 웨어의 역사와 문화를 이끌어 왔다.

1. 마이쎈(MEISSEN)

유럽 최초의 경질백자(硬質白磁) 마이쎈은 아우구스투스 2세의 적극적인 지원 아래 연금술사 요한 프리드리히 뵈트거와 화학자 치른 하우스에 의해서 1709년 탄생되었다. 그리고 도자기에 바로크와 로코코 문양을 도입하였으며 마이쎈 트레이드마크인 코발트유를 표출하여 테이블 웨어를 세트화하였다. 특히 1739년 요한 쿠레치마가의 작품 '블루어니언'은 인기 절정에 올랐다.

블루어니언은 일본 자기 중 복숭아 조형을 모방한 것인데 유럽인들의 눈에는 복숭아 모양이 양파로 보여 어니언(Onion) 조형이 되었다는 재미난 에피소드가 있다. 이같은 마이쎈의 어니언 모양의 도자기는 독일이 탄생시킨 최고의 걸작품이었다.

이에 1906년 동독 정부는 도자 산업을 육성하기 위해 미술학교에 마이쎈 가마를 설치하고 도자 산업에 기여할 전문인을 양성하기 위한 교육 프로그램과 교육 시스템을 도입하였다.

그 결과 도자 디자인, 성형, 도자기에 그림을 그리는 전문화가 등이 배출되었으며, 그들은 완벽한 수제품을 만들어 유럽 최초, 최고의 명품 도자기인 마이쎈을 탄생시켰다.

2. 웨지우드(WEDGWOOD)

영국이 낳은 세계적인 명품 웨지우드는 1759년에 창립되었으며, 현재 독일 로젠탈의 지분 50%를 가지고 경영에 참여하고 있다. 특히 1766년 크림웨어의 개발로 샤롯데 왕후에 의해 여왕 어용 도공이라는 로열 칭호를 받았다.

1773년 왁스 비스킷이라고 하는 쟈스퍼 웨어를 탄생시켰다. 쟈스퍼 웨어는 밀랍처럼 매끄러운 백색의 석기에 그리스 신화의 그림을 릴리프하였다. 특히 부조장식에는 제우스의 아들이자 술의 신인 바카스와 여러 신들이 파티를 즐기는 화려한 축제의 장면을 정교한 카메오 세공처럼 첨화 장식을 하여 다양한 식기류와 도자기를 만들어냈다. 여기에 영국풍의 고이한 문양과 야생딸기 등을 핸드페인팅하여 영국 최고의 명품으로 자리매김하면서, 가격을 대중화하여 영국은 물론 유럽인들의 욕구를 충분히 충족시켰다.

더 나아가 로코코 양식과 아르누보 디자인 등이 테이블 웨어에 도입되면서 18세기 영국의 도자는 자연의 아름다움을 식탁 위에 끌어들여 또 다른 심미감을 맛볼 수 있도록 하였다.

3. 리챠드 지노리(RICHARD GINORI)

르네상스 문화를 가장 화려하게 꽃피운 이탈리아는 15세기 주석 유약도자를 만들어 독일, 프랑스 그리고 영국의 제스퍼 도자를 제작한 웨지우드에 큰 영향을 주었다.

유럽의 도자기는 크게 연질도자와 경질도자로 나누어진다. 메디치 시대에는 연질도자기가 피렌체에서 만들어졌다. 오늘날 유럽 도자기를 대표할 수 있는 경질도자기는 1720년 베니스에 공장을 세우면서 시작되었다. 그 중심에 카를로 지노리 후작이 있었다. 그는 1735년 돗챠 지방에서 본격적으로 도자 산업을 시작하였다. 초기의 도자들은 화려하고 장식적인 면이 강했으나 시누아즈리풍이 유럽에 유행하면서 고전주의풍과 자연주의 양식까지 도자 산업에 복합적으로 도입되었다. 이러한 시대적 흐름 속에서 리챠드 지노리는 이탈리아를 대표할 수 있는 섬세한 조각 작품을 도자기에 투입하여 새로운 도자 문화를 탄생시켰다.

특히 리챠드 지노리는 나폴레옹의 아내 마리아 루이스와 프란츠 2세 그리고 왕실과 유럽의 귀족들에게 사랑을 듬뿍 받으며 그 명성에 걸맞게 300년의 역사와 전통을 고스란히 간직한 채 오늘에 이르고 있다. 18세기 수제의 전통 기법인 핸드페인팅과 투각 기법이 오늘날까지 그대로 이어져 내려오면서 생산 방법 또한 다양화되었다.

리챠드 지노리는 특수층을 겨냥한 일품 제작과 극소량의 니치마켓(Niche Market) 제작, 그리고 제한 수량 제작 등으로 분류하여 생산하고 있다. 거기에 반 수제, 반 기계 생산 등으로 제작되는 리챠드 지노리는 생산 공정 또한 매우 까다롭다. 이러한 제작 공정에 의해서만 생산되고 있기 때문에 명품으로서 그 가치가 더욱 빛나고 있다.

4. 헤랜드(HEREND)

헤랜드는 동유럽을 대표하는 도자회사이다. 헝가리 헤랜드사는 1851년 런던 국제박람회에서 각광을 받은 후 영국 빅토리아 여왕이 윈저성에서 헤랜드를 디너 세트로 사용한 것을 계기로 그 유명세는 세계를 석권하였다.

청화백자 위에 펼쳐진 화려한 색채와 자연을 모티브한 꽃과 나비 등은 중국 문양이 그대로 표현되어 있으며, 시누아즈리풍이 시대에 따라 변화되어 왔음을 한눈에 읽을 수 있다. 헤랜드는 전통 수작업을 고수하고 있으며 현재 400명의 도예가와 700여 명의 화가들이 명작을 만들고 있다.

5. 로젠탈(ROSENTHAL)

독일 도자 산업의 자존심을 보여주는 로젠탈은 1879년 필립 로젠탈(Philip-Rosenthal)과 그의 아내 마리아가 설립한 독일의 대표적인 도자 회사이다. 로젠탈은 덴마크의 비온 빔브란드, 레이몽 페이네와 살바도르 달리, 바우하우스의 창시자 발터 그로피우스 등과 함께 테이블 웨어에 새로운 혁명을 가져왔다.

그리고 1950년에는 카셀도큐멘타 세계미술전람회의 최초 설립자인 아놀드 보테와의 공동 작업을 시작하였다. 세계적인 유명 조각가와 화가, 그리고 디자이너들과 함께 파트너십을 구축하여 도자 조각의 극치를 만들어냈다. 1960년 로젠탈의 형태는 전통을 그대로 고수하면서 유명작가들의 그림과 조각 등을 도자기에 도입시켜 스튜디오 라인을 확고히 하였고 유럽의 도자 산업에 새로운 방향을 제시하였다.

거기에 후첸로이터, 피에르가르뎅, 레오나르, 베르사체, 불가리 등의 디자이너들과 합동 작업으로 탄생시킨 후첸로이터 스튜디오 라인은 고품격의 화려함을 간직한 도자기로 세계의 도자 시장에서 독보적인 예술적 가치를 인정받았다.

이같이 뛰어난 감각과 예술성이 내포된 디자인으로 최고의 가치를 인정받은 로젠틸은 내구성 또한 뛰어나다. 고령토 50%, 장석 25%, 석영 25%로 만들어진 로젠탈은 다이아몬드 다음인 경도 8의 단단함으로 긁힘에 강하고 쉽게 얼룩지지 않는 특징을 지니고 있으며, 거기에 핸드페인팅 작업으로 영원히 변치 않는 색의 묘미를 보여 주고 있다.

특히 150여 명의 장인들이 수작업으로 이루어 낸 금장 티 웨어는 예술 그 자체이다.

6. 로얄 코펜하겐(ROYAL COPENHAGEN)

　덴마크가 낳은 로얄 코펜하겐은 화학자 뮐러가 율리아나 마리 왕비의 적극적인 지원 아래 1755년 덴마크 도자 제작소를 창립하면서 만들기 시작하였다. 그 후 1779년에 왕립 코펜하겐 자기 제작소란 이름으로 백년간 왕실 전용 가마로 자리하면서 로얄 호칭을 받았다. 1868년 민영화되었고, 1885년 디자이너 아놀드크록에 의하여 '한여름밤의 꿈 (Midsummer Night Dream)' 시리즈가 탄생되면서 유럽 식탁에 새 바람을 불어넣었다.

　특히 로얄 코펜하겐은 독특한 코발트 색조로 덴마크의 들꽃들을 섬세하게 표현하였다. 이렇게 12년에 걸쳐 제작된 들꽃 시리즈의 도자기 중 1,802점을 덴마크왕은 러시아 여제 에카테리나 2세에게 선물하였다.

　완전 수작업으로 제작되는 코펜하겐은 코발트의 화려한 그림이 1,350℃의 고온에서 청초한 매력을 지닌 블루로 다시 탄생하였기에 '로얄 코펜하겐 블루'라 칭하고 있다.

7. 아우가르텐(AUGARTEN)

　아우가르텐은 오스트리아 대공 마리아 테레지아의 적극적인 지원에 힘입어 1717년 빈 요에서 출발하였다.

　유럽 최고의 자기로 탄생된 아우가르텐은 궁정문화의 화려하고 우아한 문양과 수준 높은 핸드페인팅, 전통미, 그리고 장식성과 기능성까지 겸비하고 있다.

제11장

테이블 세팅의 四季

1. 1월, 휴(休)스테이션
2. 초들의 새로운 탄생
3. 창의 작은 변화, 그 소소한 행복
4. 초여름의 싱그러움을 담아
5. 가을, 홍차 한 잔의 여유
6. 낙엽이 쌓인 오솔길
7. 나만의 러너 연출법
8. 티 로얄과 함께 하는 크리스마스
9. 눈 오는 날의 설렘
10. 소중했던 시간을 간직하며

1. 1월, 휴(休)스테이션

아름다운 공간연출, 사실 아름다움의 관점은 주관적이기 때문에 자신이 가지고 있는 개성을 충분히 살려 트렌디한 패턴으로 편안하게 연출하는 것이 가장 아름답고 멋진 공간이 되리라 생각한다. 편안함, 그 자체는 휴식과 재충전을 한 아름 담고 있다. 그러기에 편안한 공간은 바로 행복한 공간이라 할 수 있겠다.

겨울, 계절이 주는 건조한 분위기를 바꾸기 위해 테이블의 작은 공간에 아기자기한 이야기를 담아 보자.

그럼, 먼저 티 매트를 준비해 보자.

매트 위에 동화 속 이야기가 담겨 있는 것처럼 재미있게 또는 우스꽝스럽게 각기 다른 그림을 표현해 보자.

먼저 초콜릿에 눈, 코, 입 등을 장식한다. 그리고 스트레이너에 가루차와 슈가파우더 등을 넣고 매트 위에 둥글게 뿌린 후 그 위에 초콜릿을 올린다.

또 다른 매트에는 초콜릿을 묻혀 나무를 표현해 보자.

거기에 가는 막대를 이용하여 나뭇가지까지 그려 본다. 앙상해 보이는 겨울 산과 나무를, 그리고 봄을 연상케 하는 나무까지 재미있게 그리는 것이 이 매트의 키포인트이다.

이러한 표현법은 테이블의 스토리텔링이 될 수 있을 것이다. 뿐만 아니라 찻자리를 공유하는 모든 이들에게 비언어적 커뮤니케이션으로 자리하면서 오감을 즐길 수 있는 편안한 공간으로 재창출 될 수 있는 표현 방법이다.

대체로 테이블 세팅을 하기 위해서 센터피스와 더불어 다양한 세팅 준비를 하는데 이와 같은 방

법을 사용하면 다른 세팅도구들이 필요하지 않고 모던하면서도 누구나 쉽게 접근할 수 있는 찻자리 연출이 될 것이다. 그리고 한 잔의 차 속에 또 다른 소통의 묘미를 불어 넣을 수 있지 않을까?

2. 초들의 새로운 탄생

   비를 머금은 대지는 봄기운을 받아 청초함과 맑음을 뽐내면서 우리 곁에 봄소식을 한 아름 안겨주고 있다. 연두빛 새움은 꽃들과 어우러져 봄의 아름다움에 취하게 한다. 이러한 봄의 향취를 테이블에 초대하여 잠시 머물게 해보자.

   먼저 테이블 웨어를 마련해 보자. 테이블 웨어는 꽃과 나비 등을 모티브 한 티팟과 찻잔을 준비한다. 이러한 테이블 웨어는 별다른 꾸밈 없이도 테이블 위에서 봄의 정취를 충분히 만끽할 수 있을 것이다. 여기에 우리의 마음을 상기시킬 수 있는 촛불을 밝혀 불빛이 주는 온화함과 봄 향기 가득 채운 한 잔의 차를 음미해 보자.

   쓰고 남은 초를 다음과 같은 방법을 이용하여 새롭게 재 탄생시켜 보자.

제시1: 레이스테이프를 준비하여 초의 둘레만큼 자른 다음 초의 상단과 하단에 유리테이프로 고정시킨다.

제시2: 녹색과 연두색 테이프를 이용하여 사각초의 적당한 위치에 고정시킨다. 약간은 심플하면서도 모던한 스타일로 또 다른 분위기를 연출할 수 있다.

제시3: 봄꽃을 닮은 녹색 초와 붉은 촛대를 이용하면 따스한 봄기운을 느낄 수 있는 사랑스러운 찻자리가 될 것이다.

3. 창의 작은 변화, 그 소소한 행복

창(窓)은 실내와 실외공간을 연결시켜주는 커다란 매개체 역할을 한다. 거기에 채광과 환기, 그리고 조명기능까지 함께하므로 공간연출에 있어서 창의 역할은 매우 크다.

사실 공간의 변화를 주고자 하여도 고정된 벽에 그 무언가를 부착한다는 것이 참으로 부담스럽다. 하지만 창은 벽의 공간보나 크고 작은 변화를 자유롭게 표현 할 수 있기 때문에 그 변화의 묘미가 주는 충만감은 매우 크다.

따라서 창문에 작은 변화를 주어 생활의 활력을 불어넣어 보자.

창문변화 1

경쾌한 분위기를 연출시킬 수 있는 비즈 발! 비즈는 약간은 화려하고 사랑스러운 면과 함께 리드미컬한 느낌을 주기도 하고 어디에나 잘 어울린다. 특히 비즈 발은 열린 창을 적절히 차단하면서 색다른 느낌을 가져다준다.

창문변화 2

가끔 커튼이 무거워 보일 때 종이 발을 만들어 크고 작은 변화를 주어보자.

종이 발을 만들기 위해서는 먼저 흰색 켄트지 전지 1장을 준비하여 반으로 나누어 3cm의 크기로 접어 발을 만든다.

창의 공간크기에 따라 약간씩 표현방법이 다르겠지만 정사각형보다는 직사각형이 더 심플해 보이고 안정감을 준다.

이같은 종이 발은 약간의 도회적이면서도 정스러움까지 함께 하기 때문에 누구나 일상생활에서 쉽게 접목시킬 수 있는 좋은 소재이다.

창문변화 3

　시트지를 이용하여 단조로운 창문의 일부를 새롭게 변신시켜 보자. 시원하고 깔끔한 느낌을 주는 청색의 시트지를 유리창에 붙여 본다. 그리고 색종이를 이용하여 크고 작은 종이비행기를 접어 청색 시트지 위에 부착시킨다. 이때 유의해야 할 점은 종이비행기 모형을 한 방향으로 부착시켜 산만하지 않도록 한다.

제11장 테이블 세팅의 四季 _ 245

4. 초여름, 그 싱그러움을 담아

대부분의 사람들은 계절이 바뀌면 또 다른 설렘 속에서 삶의 재충전을 시도하고자 한다. 21세기 데코의 화두는 테마가 있는 공간 연출과 자연 친화이다. 창을 이용하여 시원스러운 여름의 테이블 세팅을 센스있게 표현해 보자. 창은 꾸미지 않아도 계절감을 느낄 수 있고 창밖의 풍경은 살아있는 그림으로써 테이블 세팅에 큰 도움이 되기도 한다.

먼저 테이블을 창 옆으로 이동해보자.

커튼은 우아하고 시원한 분위기 연출을 위해 시폰을 준비해 본다. 시폰은 햇살이 살포시 비치는 반투명 리넨이기에 여름을 위한 최고의 패브릭이며 흘러내리는 느낌이 극히 자연스럽다. 이와 같은 연두빛 시폰 커튼은 시원스런 초여름의 분위기를 잘 표출 할 수 있을 것이다.

이어서 테이블 클로스와 웨어들을 배치해 본다.

보랏빛 언더클로스에 깨끗하고 단아한 흰색 탑클로스를 장식해 보자. 그리고 창과 테이블을 연결시킬 수 있는 센터피스로 리시안샤스 꽃을 장식하여 테이블 사이드에 배치하고 그 옆으로 케이크 스탠드를 놓아 분위기를 한층 풍요롭게 만들어 보자.

여기에 홍차를 즐길 수 있는 티팟과 찻산을 배치하여 편안한 테이블 세팅을 연출한다.

5. 가을, 홍차 한 잔의 여유

가을의 깊이를 알리는 풍경 속에 우리의 마음을 잠시 내려 놓아보자. 시시각각 변해가는 산 빛은 쪽빛 하늘이 있어 더욱 아름답다. 쪽빛 하늘에 귀얄무늬처럼 힘차게 휘감고 있는 구름 한 점이 우리에게 또 다른 의미를 부여해준다. 가을의 풍요 속에 농익어가는 빛깔처럼 우리도 곱게 물든 가을빛을 닮았으면….

시각에서 감성까지 충족시켜주는 이 가을의 아름다움을 테이블에 오롯이 담아보자.

햇살이 여유롭게 스며든 오후.

자신을 위한 공간을 만들어 작은 호사를 만끽해보면 어떨까? 휴식은 우리의 생활을 풍요롭게 만드는 중요한 요소이다. 휴식을 위해서는 몸과 마음을 내려놓을 수 있는 나만의 공간이 필요하다.

그럼 나만의 쉼터를 만들어 보자.

먼저 리넨을 소재로 한 탑 클로스를 아이보리 컬러로 준비해 본다. 아이보리는 모든 색을 돋보이게

하는 장점을 지닌 컬러이며 거기에 청결함과 안정감까지 내포하고 있기 때문에 테이블클로스로 아주 적격이다.

이러한 테이블 위에 나뭇가지를 손질하여 러너로 연출시켜 보자.

투톤(Two Tone)의 나뭇가지를 준비하여 길고 짧게 러너를 표현해 본다. 그리고 나뭇가지 위에 단풍잎을 자유롭게 배치해 보자. 고운 단풍잎을 센터피스로 변신시켜 테이블 위를 가을빛으로 물들여 본다. 센터피스하면 대체로 꽃을 생각하는 경향이 있다. 하지만 꼭 꽃이어야 한다는 법은 없다. 주변에서 쉽게 구할 수 있는 소재를 택하여 찻자리에 가을이야기를 담아보자.

다음은 자주빛 티 매트를 깔아보자.

그리고 자연을 담은 아르누보패턴의 티포트와 찻잔을 배치해본다. 거기에 기분을 환기시켜 술 촛대까지. 이 같은 공간 연출은 자연의 기운이 가득 담긴 자유로운 발상의 집합체이며 삶의 활력소가 되는 모티브가 될 것이다.

여기에 이 가을과 잘 어울릴 수 있는 넉넉한 시나몬 밀크 티를 준비하여 가을 오후의 풍요로움을 함께 즐겨보자. 가을이 준 행복을 가슴 깊이 저금하여 우리의 마음을 모두 내려놓을 수 있도록 나만의 공간에 멋진 가을을 표출해보자.

6. 낙엽이 쌓인 오솔길

바스락거리는 작은 움직임에도 감동을 일렁이게 하는 낙엽들…

이 낙엽들을 테이블로 초대하여 테이블 러너로 재탄생 시켜보자. 아마도 대자연을 힘껏 부둥켜안는 느낌일 것이다. 가을꽃이 없어도 낙엽은 센터피스의 역할을 충실히 해낼 수 있다. 그리고 둥근 유리 촛대를 배치하여 주변 분위기를 한층 더 고조시켜 보자.

여기에 이 계절과 잘 어울리는 과일 티와 구수한 빵들을 티 푸드로 준비하여 가을의 풍요로움을 충분히 만끽해보도록 하자.

7. 나만의 러너 연출법

　겨울의 끝자락에서 봄을 기다리며 한 잔의 차를 마시는 공간에 따스한 햇볕이 깊숙이 들어왔으면 좋겠다. 만약 자연의 빛이 없다면 간접 조명을 적극적으로 활용해 보는 것도 좋다. 노출된 조명은 아름답지만 눈에 피로감을 쉽게 주는 반면 간접조명은 심신의 피곤을 완화 시켜주는 중요한 역할을 한다.

　창호를 통해 들어오는 부드러운 빛은 가장 이상적인 조명일 것이다. 창호의 살에 스며드는 자연의 빛은 찻자리에 정겹게 내려앉아 따스한 온기를 불어넣어 주는 편안한 이미지로 자리할 수 있는 좋은 모티브이다.

　테이블의 오크색은 언제나 우리에게 친근감을 준다. 오크색 테이블 위에 색다른 러너를 연출하기 위해 먼저 색 테이프나 매듭실을 준비해 보자. 그리고 나뭇가지를 마련하여 가지를 정선한 다음 적당한 크기로 잘라 러너 안에 감각적으로 배치해 본다. 재치있는 공간 연출은 찻자리에 또 다른 포인트로 자리하면서 생활 속에 유머를 불어 넣어 주는 재미난 소재가 된다. 이러한 작은 변화의 아름다움은 우리의 행복지수를 충분히 높여 줄 수 있을 것이다. 그 속에 차를 더하여 행복을 플러스해 보자.

　오늘은 중후한 스모키(Smokey)향과 난향이 풍부한 기문 홍차를 즐겨 보면 어떨까?

8. 티 로얄과 함께 하는 크리스마스

채움으로 가득했던 일상의 끝에서 하나 둘 비우면서 자신을 바라볼 수 있는 힘을 키워보자. 그리고 아름다운 찻자리를 마련하여 그동안 아쉬웠던 일들을 차의 향기에 녹여 보았으면 한다.

12월하면 가장 먼저 떠오르는 크리스마스! 크리스마스를 상징할 수 있는 색들을 선택해보자. 하얀 눈을 연상하게 하는 화이트, 따스함을 상징하는 레드 계열, 사철 푸르름과 편안함을 주는 그린 계열, 그리고 화려함과 고풍스러움을 연출하게 하는 실버와 골드 톤의 색들은 스산한 겨울을 좀 더 따스하고 중후한 분위기로 표현할 수 있을 것이다.

언더클로스는 흰 눈을 연상케 하는 흰색의 테이블 웨어를 준비해본다. 그리고 크리스마스를 상징할 수 있는 호랑가시나무를 모티브한 탑 클로스를 마름모로 깔아본다. 센터피스는 장미 꽃잎과 포인세티아를 준비하여 탑 클로스 위에 러너처럼 표현하면서 그 중앙에 초와 촛대를 배치해 본다. 자주빛 매트에 청록색 냅킨을 준비해보자. 이러한 약 보색은 중후함과 화려함 그리고 생동감을 주기 때문에 이 계절에 참으로 잘 어울리는 컬러이다.

거기에 12월과 잘 어울리는 러시아 티 중 티 로얄을 준비해 보자. 멋과 맛을 간직한 티 로얄의 불빛처럼, 한 해를 갈무리하면서 우리 마음속에 일몰과 일출을 그려보면 어떨까? 한 해를 보내면서 이웃과 따뜻하게 한 잔의 차로 서로의 마음을 녹이는 시간을 마련해 보자. 조용히 내리는 눈 사이로 멀리서 들려오는 종소리에도 마냥 가슴이 설레는 12월. 조금은 화려하고 신비스러우면서도 중후한 다이닝 테이블 세팅을 연출해 보자.

9. 눈 오는 날의 설렘

⟨세팅 1⟩

먼저 테이블클로스를 준비해보자.
테이블클로스에 가장 무난하고 평범하면서도 화려한 분위기를 표현할 수 있는 색은 단연 흰색이다. 흰색 융 패블릭은 그 촉감이 부드럽고 포근한 느낌을 주기에 흰 눈을 연상시키는데 적합하다. 하지만 융모가 긴 패블릭은 사용하지 않는 것이 좋다.

⟨세팅 2⟩

테이블 중앙에 러너를 깔아 센터피스를 연출해보자. 러너는 테이블의 분위기 연출에 있어 큰 비중을 차지하기에 신중을 기해야 한다. 따라서 겨울철 따뜻한 느낌을 주는 자주빛 러너를 선택해 본다.

〈세팅 3〉

그럼 센터피스를 만들어보자. 생화도 좋지만 예전에 사용했던 크리스마스 트리의 재료들을 모아서 재활용 해본다. 먼저 녹색 링을 만들어 그 위에 크고 작은 실버와 골든볼을 그리고 붉은 빛 포인세티아를 이용하여 풍성한 센터피스를 만들어 러너 위에 배치한다. 그리고 그 중앙에 촛불을 밝혀 분위기를 고조시킨다.

〈세팅 4〉

이어서 개인매트를 배치해보자. 매트색상을 러너와 같은 계열의 색을 택하여 통일감을 주는 게 무난하다. 사실 자줏빛은 약간의 고풍스러움과 중후감 그리고 부드러움과 따뜻함까지 느낄 수 있는 색상이다. 이 같은 색을 택하여 매트 위에 찻잔과 위치접시를 배치해본다.

〈세팅 5〉

눈 오는 날의 테이블 세팅에 가장 잘 어울리는 티 푸드는 달콤한 마시멜로나 초코

풍듀가 아닐까? 남녀노소를 막론하고 좋아하는 마시멜로를 바구니에 넉넉히 담아 불에 구워먹을 수 있도록 작은 화로를 함께 준비해 보자. 차를 마시며 하나씩 구워먹는 재미는 분명 동심의 세계로 이끌어 길 것이나. 거기에 과일을 한입 크기로 잘라 초코풍듀에 적셔 새콤달콤한 맛을 즐기는 것도 좋을 것 같다.

10. 소중했던 시간을 간직하며

 따스한 햇살이 창가에 손님인 양 아른거릴 때 그를 초대하여 한 잔의 차를 함께 나눠 마시면서 지난 시간이 얼마나 소중했는지 생각해본다. 3월의 여린 꽃들과 갓 피어난 작설에 입맞춤하며 행복해 했던 4월, 5월의 싱그러움, 7월의 땡볕에 힘들어했던 날들, 10월의 화려했던 단풍과 11월의 낙엽들, 그리고 12월엔 모든 것을 수용하듯 잿빛으로 물든 대자연의 경이로움까지….

아름다웠던 자연과의 대화를 생각하면서 우리들의 소중했던 시간을 하나씩 떠올릴 수 있는 찻자리를 마련해 보자.

먼저 일상에서 쉽게 구할 수 있는 호일을 준비하여 테이블 중앙에 러너처럼 펼쳐 조심스럽게 구부려본다. 그리고 호일의 올록볼록한 부분에 작은 초들을 배치하여 불을 밝혀 보자.

다음은 호일을 둥글게 배치하고 그 중앙에 센터피스를 장식해보자.

사실 테이블은 커뮤니케이션의 공간으로써 우리의 오감을 만족시킬 수 있는 소통의 장이 되어야 한다. 언더클로스는 화이트, 탑클로스는 와인컬러를 선택한다. 그리고 흰색 로프를 약 5m정도 준비하는데 로프가 없으면 컬러풀한 테이프도 괜찮다. 이 같은 소품을 이용하여 테이블 중앙에 색다른 러너를 연출시켜본다. 그리고 러너의 공간 안에 나뭇가지를 크고 작게 배치해 본다. 나뭇가지의 소재는 주변에서 쉽게 구할 수 있기에 더욱 정겹다. 거기에 작은 스티로폼 볼 혹은 사랑스런 소품 또는 초대 손님께 드릴 선물들을 포장하여 배치해 보자. 이 같은 아기자기한 공간 연출은 테이블의 분위기를 한층 상기시킬 수 있으리라 생각된다. 여기에 꽃을 더하면 풍요와 생동감 있는 분위기를 자아낼 수 있다.

우선 본인이 좋아하는 꽃을 구입해보자. 그리고 화병을 대신할 수 있는 도구를 주변에서 찾아보자. 대바구니, 빈 화분, 구멍 난 빨간 양말, 혹은 버선 등에 재치있게 담아두면 어떨까?

이러한 감각이 만나 테이블은 공간의 예술적 묘미를 자아낼 수 있으며 이같은 표현은 큰 비용을 들이지 않고도 주변의 소품을 이용하여 누구나 쉽게 시도해 볼 수 있어 좋다. 한 폭의 그림처럼 아름다운 테이블 세팅 그 위에 다르질링 홍차의 풍미를 즐기면서 내 마음을 반올림해 본다.

참고문헌

1. Calcutta Tea Traders Association, 《CTTA TEA DIGEST》, 2008.
2. RUPERT FAULKNER, 《TEA EAST & WEST》, V&A Publications, 2003.
3. Jane Pettigrew&Bruce Richardson. 《The Tealover's Companion THE NATIONAL TRUST》, 2005.
4. Juliet Coombe & Daisy perry, 《Generation T》, Sri Serendipity publishing, 2010.
5. Maxwell Fernando, 《The Story of Ceylon Tea》, Unicorn press, 2000.
6. 日本紅茶協會, 《紅茶をもスと樂しむ12カ月》, 講談社, 2005.
7. 磯淵, 《紅茶&アレソヅイテ の技術敎本》, 旭屋出版, 2003.
8. 박광순, 《홍차 이야기》, 도서출판 다지리, 2002.
9. 이광주, 《동과 서의 茶이야기》, 도서출판 한길사, 2002.
10. 맹번정, 박미애, 《무이암차 – 녹차 청차 홍차의 뿌리를 찾아서》, 도서출판 이른아침, 2007.
11. 강승희, 《홍차의 세계사 그림으로 읽다》, (주)글항아리, 2010.
12. 김영애, 《맛과 멋을 디자인한 차음식의 세계》, 차의 세계, 2011.
13. Pradip Baruah, The Tea Industry of Assam : Origin and Development, 2nd Ed, EBH Publishers, India, 2011.
13. Jeff koehler, Darjeeling : A History of the world's Greatest Tea, Bloomsbury Publishing Plc, India, 2015.
14. Dutta, Ajit Kumar(1990), Maniram Dewan and the Contemporary Assamese Society, 1st Ed, Anupoma Dutta, Jorhat.
15. Dutta, Ajit kumar(2007). The Great Assam Tea Planter : Martyr Maniram Dewan. 1st Ed, Aroon Chandra Barooah & Family, Guwahati.
16. 吴锡端, 杨芳, 祁门紅茶:茶中貴族的 百年传奇 武汉大學出版社, 2015. 6.

홍차, 그 화려한 유혹

지은이 | 김영애
펴낸곳 | 월간 〈차의 세계〉
펴낸이 | 최석환
편자집 | 전혜선, 조안나, 김다혜
디자인 | 김세연

2012년 9월 3일 초판 인쇄
2012년 9월 10일 초판 발행
2018년 4월 15일 증보판 발행

등록 · 1993년 10월 23일 제 01-a1594호
주소 · 서울시 종로구 운니동 14번지 미래빌딩 4층
전화 · 02) 747-8076~7, 733-8078
팩스 · 02) 747-8079
ISBN 978-89-88417-67-6 13570

값 28,000원

※ 저자와 협의에 의해 인지를 생략합니다.
※ 파본은 본사나 구입하신 서점에서 교환하여 드립니다.